AF564350

LES

RÊVERIES

DU

PROMENEUR SOLITAIRE.

A GENÈVE.

M. DCC. LXXXII.

LES RÊVERIES *DU* PROMENEUR *SOLITAIRE.*

PREMIERE PROMENADE.

ME voici donc ſeul ſur la terre, n'ayant plus de frere, de prochain, d'ami, de ſociété que moi-même. Le plus ſociable & le plus aimant des humains en a été proſcrit par un accord unanime. Ils ont cherché, dans les rafinemens de leur haine, quel tourment pouvoit être le plus cruel à mon ame ſenſible; & ils ont briſé violemment tous les liens qui m'attachoient à eux. J'aurois aimé les hommes en dépit d'eux-mêmes. Ils n'ont pu qu'en cessant de l'être se dérober à mon affection. Les voilà donc étrangers inconnus, nuls enfin pour moi puisqu'ils l'ont voulu. Mais moi, détaché d'eux & de tout, que suis-je moi-même ? Voilà ce qui me reste à chercher. Malheureusement cette recherche doit être précédée d'un coup-d'œil sur ma position. C'est une idée par laquelle il faut nécessairement que je passe, pour arriver d'eux à moi.

Depuis quinze ans & plus que je suis dans cette étrange position, elle me paroît encore un rêve. Je m'imagine toujours qu'une indigestion me tourmente, que je dors d'un mauvais sommeil, & que je vais me réveiller bien soulagé de ma peine en me retrouvant avec mes amis. Oui, sans doute, il faut que j'aye fait sans que je m'en apperçusse, un saut de la veille au sommeil, ou plutôt de la vie à la mort. Tiré je ne sais comment de l'ordre des choses, je me suis vu précipité dans un cahos incompréhensible où je n'apperçois rien du tout; & plus je pense à ma situation présente, & moins je puis comprendre où je suis.

Eh! Comment aurois-je pu prévoir le destin qui m'attendoit? Comment le puis-je concevoir encore aujourd'hui que j'y suis livré? Pouvois-je dans mon bon sens supposer qu'un jour, moi le même homme que j'étois, le même que je suis encore, je passerois, je serois tenu sans le moindre doute pour un monstre, un empoisonneur, un assassin; que je deviendrois l'horreur de la race humaine, le jouet de la canaille; que toute la salutation que me feroient les passans seroit de cracher sur moi; qu'une génération toute entiere s'amuseroit d'un accord unanime à m'enterrer tout vivant? Quand cette étrange révolution se fit, pris au dépourvu, j'en fus d'abord bouleversé. Mes agitations, mon indignation, me plongerent dans un délire qui n'a pas eu trop de dix ans pour se calmer; & dans cet intervalle, tombé d'erreur en erreur, de faute en faute, de sottise en sottise, j'ai fourni par mes imprudences, aux directeurs de ma destinée, autant d'instrumens qu'ils ont habilement mis en œuvre pour la fixer ſans retour.

Je me ſuis débattu long-tems auſſi violemment que vainement. Sans adreſſe, ſans art, ſans diſſimulation, ſans prudence, franc, ouvert, impatient, emporté, je n'ai fait en me débattant que m'enlacer davantage, & leur donner inceſſamment de nouvelles priſes qu'ils n'ont eu garde de négliger. Sentant enfin tous mes efforts inutiles, & me tourmentant à pure perte, j'ai pris le ſeul parti qui me reſtoit à prendre, celui de me ſoumettre à ma deſtinée, ſans plus regimber contre la néceſſité. J'ai trouvé dans cette réſignation le dédommagement de tous mes maux par la tranquillité qu'elle me procure, & qui ne pouvoit s'allier avec le travail continuel d'une réſiſtance auſſi pénible qu'infructueuſe.

Une autre choſe a contribué à cette tranquillité. Dans tous les rafinemens de leur haine, mes perſécuteurs en ont omis un que leur animoſité leur a fait oublier ; c'étoit d'en graduer ſi bien les effets, qu'ils puſſent entretenir & renouveller mes douleurs ſans ceſſe, en me portant toujours quelque nouvelle atteinte. S'ils avoient eu l'adresse de me laisser quelque lueur d'espérance, ils me tiendroient encore par là. Ils pourroient faire encore de moi leur jouet par quelque faux leurre, & me navrer ensuite d'un tourment toujours nouveau par mon attente déçue. Mais ils ont d'avance épuisé toutes leurs ressources; en ne me laissant rien, ils se sont tout ôté à eux-mêmes. La diffamation, la dépression, la dérision, l'opprobre dont ils m'ont couvert ne sont pas plus susceptibles d'augmentation que d'adoucissement; nous sommes également hors d'état, eux de les aggraver, & moi de m'y soustraire. Ils se sont tellement pressés de porter à son comble la mesure de ma misere, que toute la puissance humaine, aidée de toutes les ruses de l'enfer, n'y sauroit plus rien ajouter. La douleur physique elle-même, au lieu d'augmenter mes peines, y feroit diversion. En m'arrachant des cris, peut-être, elle m'épargneroit des gémissemens, & les déchiremens de mon corps suspendroient ceux de mon cœur.

Qu'ai-je encore à craindre d'eux, puisque tout est fait? Ne pouvant plus empirer mon état, ils ne sauroient plus m'inspirer d'alarmes. L'inquiétude & l'effroi sont des maux dont ils m'ont pour jamais délivré: c'est toujours un soulagement. Les maux réels ont sur moi peu de prise; je prends aisément mon parti sur ceux que j'éprouve, mais non pas sur ceux que je crains. Mon imagination effarouchée les combine, les retourne, les étend & les augmente. Leur attente me tourmente cent fois plus que leur présence, & la menace m'est plus terrible que le coup. Sitôt qu'ils arrivent, l'événement leur ôtant tout ce qu'ils avoient d'imaginaire, les réduit à leur juste valeur. Je les trouve alors beaucoup moindres que je ne me les étois figurés, & même au milieu de ma souffrance, je ne laisse pas de me sentir soulagé. Dans cet état, affranchi de toute nouvelle crainte & délivré de l'inquiétude, de l'espérance, la seule habitude suffira pour me rendre de jour en jour plus supportable une situation que rien ne peut empirer, & à mesure que le sentiment s'en émousse par la durée, ils n'ont plus de moyens pour le ranimer. Voilà le bien que m'ont fait mes persécuteurs en épuisant sans mesure tous les traits de leur animosité. Ils se sont ôté sur moi tout empire, & je puis désormais me moquer d'eux.

Il n'y a pas deux mois encore qu'un plein calme est rétabli dans mon cœur. Depuis long-tems je ne craignois plus rien ; mais j'espérois encore, & cet espoir tantôt bercé, tantôt frustré, étoit une prise par laquelle mille passions diverses ne cessoient de m'agiter. Un événement aussi triste qu'imprévu vient enfin d'effacer de mon cœur ce foible rayon d'espérance, & m'a fait voir ma destinée fixée à jamais sans retour ici-bas. Dès-lors je me suis résigné sans réserve, & j'ai retrouvé la paix.

Sitôt que j'ai commencé d'entrevoir la trame dans toute son étendue, j'ai perdu pour jamais l'idée de ramener de mon vivant le public sur mon compte; & même ce retour ne pouvant plus être réciproque, me seroit désormais bien inutile. Les hommes auroient beau revenir à moi, ils ne me retrouveroient plus. Avec le dédain qu'ils m'ont inspiré, leur commerce me ſeroit inſipide & même à charge ; & je ſuis cent fois plus heureux dans ma ſolitude, que je ne pourrois l'être en vivant avec eux. Ils ont arraché de mon cœur toutes les douceurs de la ſociété. Elles n'y pourroient plus germer de rechef à mon âge ; il eſt trop tard. Qu'ils me faſſent déſormais du bien ou du mal, tout m'eſt indifférent de leur part ; & quoi qu'ils faſſent, mes contemporains ne ſeront jamais rien pour moi.

Mais je comptois encore ſur l'avenir, & j'eſpérois qu'une génération meilleure, examinant mieux & les jugemens portés par celle-ci ſur mon compte, & ſa conduite avec moi, démêleroit aiſément l'artifice de ceux qui la dirigent, & me verroit enfin tel que je ſuis. C'eſt cet eſpoir qui m'a fait écrire mes Dialogues, & qui m'a ſuggéré mille folles tentatives pour les faire paſſer à la poſtérité. Cet eſpoir, quoiqu'éloigné, tenoit mon ame dans la même agitation que quand je cherchois encore dans le ſiecle un cœur juſte ; & mes eſpérances, que j'avois beau jetter au loin, me rendoient également le jouet des hommes d'aujourd'hui. J'ai dit, dans mes Dialogues, ſur quoi je fondois cette attente. Je me trompois. Je l'ai ſenti par bonheur aſſez à tems pour trouver encore avant ma derniere heure un intervalle de pleine quiétude, & de repos abſolu. Cet intervalle a commencé à l'époque dont je parle, & j'ai lieu de croire qu'il ne ſera plus interrompu.

Il ſe paſſe bien peu de jours que de nouvelles réflexions ne me confirment combien j'étois dans l'erreur de compter ſur le retour du public, même dans un autre âge; puiſqu'il eſt conduit dans ce qui me regarde par des guides qui ſe renouvellent ſans ceſſe dans les Corps qui m'ont pris en averſion. Les particuliers meurent; mais les Corps collectifs ne meurent point. Les mêmes paſſions s'y perpétuent, & leur haine ardente, immortelle comme le démon qui l'inſpire, a toujours la même activité. Quand tous mes ennemis particuliers ſeront morts, les Médecins, les Oratoriens vivront encore; & quand je n'aurois pour perſécuteurs que ces deux Corps-là, je dois être ſûr qu'ils ne laiſſeront pas plus de paix à ma mémoire après ma mort, qu'ils n'en laiſſent à ma perſonne de mort vivant. Peut-être, par trait de tems, les Médecins que j'ai réellement offenſés pourroient-ils s'appaiſer : mais les Oratoriens que j'aimois, que j'eſtimois, en qui j'avois toute confiance, & que je n'offenſai jamais, les Oratoriens, gens d'égliſe & demi-moines, ſeront à jamais implacables; leur propre iniquité fait mon crime, que leur amour-propre ne me pardonnera jamais; & le public, dont ils auront ſoin d'entretenir & ranimer l'animoſité ſans ceſſe, ne s'appaiſera pas plus qu'eux.

Tout eſt fini pour moi ſur la terre. On ne peut plus m'y faire ni bien ni mal. Il ne me reſte plus rien à eſpérer ni à craindre en ce monde, & m'y voilà tranquille au fond de l'abyme, pauvre mortel infortuné, mais impaſſible comme Dieu même.

Tout ce qui m'eſt extérieur, m'eſt étranger déſormais. Je n'ai plus en ce monde ni prochain, ni ſemblables, ni freres. Je ſuis ſur la terre comme dans une planete étrangere où je ſerois tombé de celle que j'habitois. Si je reconnois autour de moi quelque choſe, ce ne ſont que des objets affligeans &

déchirans pour mon cœur; & je ne peux jetter les yeux ſur ce qui me touche & m'entoure, ſans y trouver toujours quelque ſujet de dédain qui m'indigne, ou de douleur qui m'afflige. Ecartons donc de mon eſprit tous les pénibles objets dont je m'occuperois auſſi douloureuſement qu'inutilement. Seul pour le reſte de ma vie, puiſque je ne trouve qu'en moi la conſolation, l'eſpérance & la paix, je ne dois ni ne veux plus m'occuper que de moi. C'eſt dans cet état que je reprends la ſuite de l'examen ſévere & ſincere que j'appellai jadis mes Confeſſions. Je conſacre mes derniers jours à m'étudier moi-même, & à préparer d'avance le compte que je ne tarderai pas à rendre de moi. Livrons-nous tout entier à la douceur de converſer avec mon ame puiſqu'elle eſt la ſeule que les hommes ne puiſſent m'ôter. Si à force de réfléchir ſur mes diſpoſitions intérieures, je parviens à les mettre en meilleure ordre & à corriger le mal qui peut y reſter, mes méditations ne ſeront pas entierement inutiles; & quoique je ne ſois plus bon à rien ſur la terre, je n'aurai pas tout-à-fait perdu mes derniers jours. Les loiſirs de mes promenades journalieres ont ſouvent été remplis de contemplations charmantes dont j'ai regret d'avoir perdu le ſouvenir. Je fixerai par l'écriture celles qui pourront me venir encore ; chaque fois que je les relirai m'en rendra la jouiſſance. J'oublierai mes malheurs, mes perſécuteurs, mes opprobres, en ſongeant au prix qu'avoit mérité mon cœur.

Ces feuilles ne ſeront proprement qu'un informe journal de mes rêveries. Il y ſera beaucoup queſtion de moi, parce qu'un ſolitaire qui réfléchit s'occupe néceſſairement beaucoup de lui-même. Du reſte, toutes les idées étrangeres qui me paſſent par la tête en me promenant, y trouveront également leur place. Je dirai ce que j'ai penſé tout comme il m'eſt venu, & avec auſſi peu de liaiſon que les idées de la veille en ont d'ordinaire avec celles du lendemain. Mais il en réſultera toujours une nouvelle connoiſſance de mon naturel & de mon humeur, par celle des ſentimens & des penſées, dont mon eſprit fait ſa pâture journaliere dans l'étrange état où je ſuis. Ces feuilles peuvent donc être regardées comme un appendice des mes confeſſions : mais je ne leur en donne plus le titre, ne ſentant plus rien à dire qui puiſſe le mériter. Mon cœur s'eſt purifié à la coupelle de l'adverſité, & j'y trouve à peine en le ſondant avec ſoin, quelque reſte de penchant repréhenſible. Qu'aurois-je encore à confeſſer, quand toutes les affections terreſtres en ſont arrachées ? Je n'ai pas plus à me louer qu'à me blâmer : je ſuis nul déſormais parmi les hommes, & c'eſt tout ce que je puis être n'ayant plus avec eux de relation réelle, de véritable ſociété. Ne pouvant plus faire aucun bien qui ne tourne à mal, ne pouvant plus agir ſans nuire à autrui, ou à moi-même, m'abſtenir eſt devenu mon unique devoir, & je le remplis autant qu'il eſt en moi. Mais dans ce déſœuvrement du corps mon ame eſt encore active ; elle produit encore des ſentimens, des penſées, & ſa vie interne & morale, ſemble encore s'être accrue par la mort de tout intérêt terreſtre & temporel. Mon corps n'eſt plus pour moi qu'un embarras, qu'un obſtacle, & je m'en dégage d'avance autant que je puis.

Une ſituation ſi ſinguliere mérite aſſurément d'être examinée & décrite, & c'eſt à cet examen que je conſacre mes derniers loiſirs. Pour le faire avec ſuccès, il y faudroit procéder avec art & méthode : Mais je ſuis incapable de ce travail, & même il m'écarteroit de mon but, qui eſt de me rendre compte des modifications de mon ame & de leurs ſucceſſions. Je ferai ſur moi-même, à quelqu'égard, les opérations que font les Phyſiciens ſur l'air, pour en connoître l'état journalier. J'appliquerai le barometre à mon ame, & ces opérations bien dirigées & long-temps répétées me pourroient fournir des réſultats auſſi ſûrs que les leurs. Mais je n'étends pas juſques-là mon entrepriſe. Je me contenterai de tenir le regiſtre des opérations, ſans chercher à les réduire en ſyſtême. Je fais la même entrepriſe que Montagne, mais avec un but tout contraire au ſien : car il n'écrivoit ſes Eſſais que pour les autres, & je n'écris mes Rêveries que pour moi. Si dans mes plus vieux jours, aux approches du départ, je reste, comme je l'espere, dans la même disposition où je suis, leur lecture me rappellera la douceur que je goûte à les écrire, & faisant renaître ainsi pour moi le temps passé, doublera, pour ainsi dire, mon existence. En dépit des hommes, je saurai goûter encore le charme de la société, & je vivrai décrépit avec moi dans un autre âge, comme je vivrois avec un moins vieux ami.

J'écrivois mes premieres Confessions & mes Dialogues dans un souci continuel, sur les moyens de les dérober aux mains rapaces de mes persécuteurs, pour les transmettre, s'il étoit possible, à d'autres générations. La même inquiétude ne me tourmente plus pour cet écrit, je sais qu'elle seroit inutile; & le desir d'être mieux connu des hommes s'étant éteint dans mon cœur, n'y laisse qu'une indifférence profonde sur le sort & de mes vrais écrits, & des monumens de mon innocence, qui déja peut-être ont été tous pour jamais anéantis. Qu'on épie ce que fais, qu'on s'inquiete de ces fer qu'on s'en empare, qu'on les sur qu'on les falsifie, tout cela m'est égal désormais. Je ne les cache ni ne les montre. Si on me les enleve de mon vivant, on ne m'enlevera ni le plaisir de les avoir écrites, ni le souvenir de leur contenu, ni les méditations solitaires dont elles sont le fruit, & dont la source ne peut s'éteindre qu'avec mon ame. Si dès mes premieres calamités j'avois su ne point regimber contre ma destinée, & prendre le parti que je prends aujourd'hui, tous les efforts des hommes, toutes leurs épouvantables machines eussent été sur moi sans effet, & ils n'auroient pas plus troublé mon repos par toutes leurs trames, qu'ils ne peuvent le troubler désormais par tous leurs succès; qu'ils jouissent à leur gré de mon opprobre, ils ne m'empêcheront pas de jouir de mon innocence, & d'achever mes jours en paix malgré eux.

DEUXIEME PROMENADE.

AYANT donc formé le projet de décrire l'état habituel de mon ame dans la plus étrange position où se puisse jamais trouver un mortel, je n'ai vu nulle maniere plus simple & plus sûre d'exécuter cette entreprise, que de tenir un registre fidele de mes promenades solitaires & des rêveries qui les remplissent, quand je laisse ma tête entierement libre, & mes idées suivre leur pente sans résistance & sans gêne. Ces heures de solitude & de méditation sont les seules de la journée où je sois pleinement moi, & à moi sans diversion, sans obstacle, & où je puisse véritablement dire être ce que la nature a voulu.

J'ai bientôt senti que j'avois trop tardé d'exécuter ce projet. Mon imagination, déja moins vive, ne s'enflamme plus comme autrefois à la contemplation de l'objet qui l'anime, je m'enivre moins du délire de la rêverie; il y a plus de réminiscence que de création dans ce qu'elle produit désormais, un tiede allanguiſſement énerve toutes mes facultés, & l'eſprit de vie s'éteint en moi par degrés; mon ame ne s'élance plus qu'avec peine hors de ſa caduque enveloppe; & ſans l'eſpérance de l'état auquel j'aſpire, parce que je m'y ſens avoir droit, je n'exiſterois plus que par des ſouvenirs. Ainſi, pour me contempler moi-même avant mon déclin, il faut que je remonte au moins de quelques années au temps où, perdant tout eſpoir ici-bas, & ne trouvant plus d'aliment pour mon cœur ſur la terre, je m'accoutumois peu-à-peu à le nourrir de ſa propre ſubſtance, & à chercher toute ſa pâture au-dedans de moi.

Cette reſſource, dont je m'aviſai trop tard, devint ſi féconde, qu'elle ſuffit bientôt pour me dédommager de tout. L'habitude de rentrer en moi-même me fit perdre enfin le ſentiment & preſque le ſouvenir de mes maux; j'appris ainſi, par ma propre expérience, que la ſource du vrai bonheur eſt en nous, & qu'il ne dépend pas des hommes de rendre vraiment miſérable celui qui ſait vouloir être heureux. Depuis quatre ou cinq ans je goûtois habituellement ces délices internes que trouvent dans la contemplation les ames aimantes & douces. Ces raviſſemens, ces extaſes que j'éprouvois quelquefois en me promenant ainſi ſeul, étoient des jouiſſances que je devois à mes perſécuteurs : ſans eux, je n'aurois jamais trouvé ni connu les tréſors que je portois en moi-même. Au milieu de tant de richeſſes, comment en tenir un regiſtre fidele ? En voulant me rappeller tant de douces rêveries, au lieu de les décrire, j'y retombois. C'eſt un état que ſon ſouvenir ramene, & qu'on ceſſeroit bientôt de connoître, en ceſſant tout-à-fait de le ſentir.

J'éprouvai bien cet effet dans les promenades qui ſuivirent le projet d'écrire la ſuite de mes Confeſſions, ſurtout c.. celle dont je vais parler, & dans laquelle un accident imprévu vint rompre le fil de mes idées, & leur donner pour quelque temps un autre cours.

Le jeudi 24 Octobre 1776, je ſuivis, après dîné, les boulevards, juſqu'à la rue du Chemin-verd, par laquelle je gagnai les hauteurs de Ménil-montant, & de-là, prenant les ſentiers à travers les vignes & les prairies, je traverſai juſqu'à Charonne le riant payſage qui ſépare ces deux villages; puis je fis un détour pour revenir ſur les mêmes prairies, en paſſant par un autre chemin. Je m'amuſois à les parcourir avec ce plaiſir & cet intérêt que m'ont toujours donné les ſites agréables, & m'arrêtant quelquefois à fixer des plantes dans la verdure. J'en apperçus deux que je voyois aſſez rarement autour de Paris, & que je trouvai très-abondantes dans ce canton-là. L'une eſt le *Picris hieracioïdes*, de la famille des compoſées; & l'autre, le *Bupleurum falcatum*, de celles des ombelliferes. Cette découverte me réjouit & m'amuſa très-long-temps, & finit par celle d'une plante encore plus rare, ſur-tout dans un pays élevé, ſavoir, le *Ceraſtium aquaticum*, que, malgré l'acccident qui m'arriva le même jour, j'ai retrouvé dans un livre que j'avois ſur moi, & placé dans mon herbier.

Enfin, après avoir parcouru en détail pluſieurs autres plantes que je voyois en fleurs, & dont l'aſpect &

l'énumération qui m'étoit familiere me donnoit néanmoins toujours du plaiſir, je quittai peu-à-peu ces mémes obſervations, pour me livrer à l'impreſſion, non moins agréable, mais plus touchante, que faiſoit ſur moi l'enſemble de tout cela. Depuis quelques jours on avoit achevé la vendange ; les promeneurs de la ville s'étoient déja retirés ; les payſans auſſi quittoient les champs juſques aux travaux d'hiver. La campagne encore verte & riante, mais défeuillée en partie, & déja preſque déſerte, offroit par-tout l'image de la ſolitude & des approches de l'hiver. Il réſultoit de ſon aſpect un mélange d'impreſſion douce & triſte, trop analogue à mon âge & à mon ſort, pour que je ne m'en fiſſe pas l'application. Je me voyois au déclin d'une vie innocente & infortunée, l'ame encore pleine de ſentimens vivaces, & l'eſprit encore orné de quelques fleurs, mais déja flétries par la triſteſſe, & deſſéchées par les ennuis. Seul & délaiſſé, je ſentois venir le froid des premieres glaces, & mon imagination tariſſante ne peuploit plus ma ſolitude d'êtres formés ſelon mon cœur. Je me diſois en ſoupirant, qu'ai-je fait ici-bas? J'étois fait pour vivre ; & je meurs ſans avoir vécu. Au moins ce n'a pas été ma faute, & je porterai à l'Auteur de mon être, ſinon l'offrande des bonnes œuvres qu'on ne m'a pas laiſſé faire, du moins un tribut de bonnes intentions fruſtrées, de ſentimens ſains, mais rendus ſans effet, & d'une patience à l'épreuve des mépris des hommes. Je m'attendriſſois ſur ces réflexions, je récapitulois les mouvemens de mon ame dès ma jeuneſſe, & pendant mon âge mûr, & depuis qu'on m'a ſéqueſtré de la ſociété des hommes, & durant la longue retraite dans laquelle je dois achever mes jours. Je revenois avec complaiſance ſur toutes les affections de mon cœur, ſur ſes attachemens ſi tendres, mais ſi aveugles, ſur les idées moins triſtes que conſolantes, dont mon eſprit s'étoit nourri depuis quelques années, & je me préparois à les rappeller aſſez, pour les décrire avec un plaiſir preſque égal à celui que j'avois pris à m'y livrer. Mon après-midi ſe paſſa dans ces paiſibles méditations, & je m'en revenois très-content de ma journée, quand, au fond de ma rêverie, j'en fus tiré par l'événement qui me reste à raconter.

J'étois sur les six heures à la descente de Ménil-montant, presque vis-à-vis du Galant Jardinier, quand des personnes qui marchoient devant moi, s'étant tout-à-coup brusquement écartées, je vis fondre sur moi un gros chien danois qui, s'élançant à toutes jambes devant un carrosse, n'eut pas le temps de retenir sa course ou de se détourner quand il m'apperçut. Je jugeai que le seul moyen que j'avois d'éviter d'être jetté par terre, étoit de faire un grand saut, si juste que le chien passât sous moi, tandis que je serois en l'air. Cette idée plus prompte que l'éclair, & que je n'eus le temps ni de raisonner ni d'exécuter, fut la derniere avant mon accident. Je ne sentis ni le coup, ni la chûte, ni rien de ce qui s'ensuivit, jusqu'au moment où je revins à moi.

Il étoit presque nuit quand je repris connoissance. Je me trouvai entre les bras de trois ou quatre jeunes gens, qui me raconterent ce qui venoit de m'arriver. Le chien danois, n'ayant pu retenir son élan, s'étoit précipité sur mes deux jambes, & me choquant de sa masse & de sa vîtesse, m'avoit fait tomber, la tête en avant : la mâchoire ſupérieure, portant tout le poids de mon corps, avoit frappé ſur un pavé très-raboteux, & la chûte avoit été d'autant plus violente, qu'étant à la deſcente, ma tête avoit donné plus bas que mes pieds.

Le carroſſe auquel appartenoit le chien ſuivoit immédiatement, & m'auroit paſſé ſur le corps, ſi le cocher n'eût à l'inſtant retenu ſes chevaux. Voilà ce que j'appris par le récit de ceux qui m'avoient relevé & qui me ſoutenoient encore, lorſque je revins à moi. L'état auquel je me trouvai dans cet inſtant, eſt trop ſingulier pour n'en pas faire ici la deſcription.

La nuit s'avançoit. J'apperçus le Ciel, quelques étoiles, & un peu de verdure. Cette premiere ſenſation fut un moment délicieux. Je ne me ſentois encore que par là. Je naiſſois dans cet inſtant à la vie, & il me ſembloit que je rempliſſois de ma légere exiſtence tous les objets que j'appercevois. Tout entier au moment préſent, je ne me ſouvenois de rien ; je n'avois nulle notion diſtincte de mon individu, pas la moindre idée de ce qui venoit de m'arriver ;

river; je ne ſavois ni qui j'étois, ni où j'étois ; je ne ſentois ni mal, ni crainte, ni inquiétude. Je voyois couler mon ſang, comme j'aurois vu couler un ruiſſeau, ſans ſonger ſeulement que ce ſang m'appartînt en aucune ſorte. Je ſentois dans tout mon être un calme raviſſant, auquel, chaque fois que je me le rappelle, je ne trouve rien de comparable dans toute l'activité des plaiſirs connus.

On me demanda où je demeurois ; il me fut impoſſible de le dire. Je demandai où j'étois ; on me dit, *à la Haute-Borne* ; c'étoit comme ſi l'on m'eût dit, *au mont Atlas*. Il fallut demander ſucceſſivement le pays, la ville & le quartier où je me trouvois. Encore cela ne put-il ſuffire pour me reconnoître ; il me fallut tout le trajet de-là juſqu'au boulevard, pour me rappeller ma demeure & mon nom. Un Monſieur que je ne connoiſſois pas, & qui eut la charité de m'accompagner quelque temps, apprenant que je demeurois ſi loin, me conſeilla de prendre au Temple un fiacre, pour me reconduire chez moi. Je marchois très-bien, très-légerement, ſans ſentir ni douleur ni bleſſure, quoique je crachasse toujours beaucoup de sang. Mais j'avois un frisson glacial, qui faisoit claquer d'une façon très-incommode mes dents fracassées. Arrivé au Temple, je pensai que, puisque je marchois sans peine, il valoit mieux continuer ainsi ma route à pied, que de m'exposer à périr de froid dans un fiacre. Je fis ainsi la demi-lieue qu'il y a du Temple à la rue Plâtriere, marchant sans peine, évitant les embarras, les voitures, choisissant & suivant mon chemin tout aussi-bien que j'aurois pu faire en pleine santé. J'arrive, j'ouvre le secret qu'on a fait mettre à la porte de la rue, je monte l'escalier dans l'obscurité, & j'entre enfin chez moi, sans autre accident que ma chûte & ses suites, dont je ne m'appercevois pas même encore alors.

Les cris de ma femme en me voyant, me firent comprendre que j'étois plus maltraité que je ne pensois. Je passai la nuit sans connoître encore & sentir mon mal. Voici ce que je sentis & trouvai le lendemain. J'avois la levre supérieure fendue en dedans jusqu'au nez; en dehors la peau l'avoit mieux garantie, & empêchoit la totale séparation, quatre dents enfoncées à la mâchoire ſupérieure, toute la partie du viſage qui la couvre extrémement enflée & meurtrie, le pouce droit foulé & très-gros, le pouce gauche grievement bleſſé, le bras gauche foulé, le genou gauche auſſi très-enflé, & qu'une contuſion forte & douloureuſe empêchoit totalement de plier. Mais avec tout ce fracas, rien de briſé, pas même une dent, bonheur qui tient du prodige, dans une chûte comme celle-là.

Voilà très-fidelement l'hiſtoire de mon accident. En peu de jours cette hiſtoire ſe répandit dans Paris, tellement changée & défigurée, qu'il étoit impoſſible d'y rien reconnoître. J'aurois dû compter d'avance ſur cette métamorphoſe; mais il s'y joignit tant de circonſtances bizarres; tant de propos obſcurs & de réticences l'accompagnèrent, on m'en parloit d'un air ſi riſiblement diſcret, que tous ces myſteres m'inquiéterent. J'ai toujours haï les ténébres, elles m'inſpirent naturellement une horreur que celles dont on m'environne depuis tant d'années n'ont pas dû diminuer. Parmi toutes les ſingularités de cette époque, je n'en remarquerai qu'une, mais suffisante pour faire juger des autres.

M. ***. avec lequel je n'avois eu jamais aucune relation, envoya son secrétaire s'informer de mes nouvelles, & me faire d'instantes offres de service qui ne me parurent pas, dans la circonstance, d'une grande utilité pour mon soulagement. Son secrétaire ne laissa pas de me presser très-vivement de me prévaloir de ces offres, jusqu'à me dire que si je ne me fiois pas à lui, je pouvois écrire directement à M. ***. Ce grand empressement, & l'air de confidence qu'il y joignit, me firent comprendre qu'il y avoit sous tout cela quelque mystere que je cherchois vainement à pénétrer. Il n'en falloit pas tant pour m'effaroucher, sur-tout dans l'état d'agitation où mon accident & la fievre qui s'y étoit jointe avoit mis ma tête. Je me livrois à mille conjectures inquiétantes & tristes, & je faisois sur tout ce qui se passoit autour de moi des commentaires qui marquoient plutôt le délire de la fievre, que le sang-froid d'un homme qui ne prend plus d'intérêt à rien.

Un autre événement vint achever

de troubler ma tranquillité. Madame ***. m'avoit recherché depuis quelques années, ſans que je puſſe deviner pourquoi. De petits cadeaux affectés, de fréquentes viſites ſans objet & ſans plaiſir, me marquoient aſſez un but ſecret à tout cela, mais ne le montroient pas. Elle m'avoit parlé d'un roman qu'elle vouloit faire, pour le préſenter à la Reine. Je lui avois dit ce que je penſois des femmes auteurs. Elle m'avoit fait entendre que ce projet avoit pour but le rétabliſſement de ſa fortune, pour lequel elle avoit beſoin de protection; je n'avois rien à répondre à cela. Elle me dit depuis que, n'ayant pu avoir accès auprès de la Reine, elle étoit déterminée à donner ſon livre au public. Ce n'étoit plus le cas de lui donner des conſeils qu'elle ne demandoit pas, & qu'elle n'auroit pas ſuivis. Elle m'avoit parlé de me montrer auparavant le manuſcrit. Je la priai de n'en rien faire, & elle n'en fit rien.

Un beau jour, durant ma convaleſcence, je reçus de ſa part ce livre tout imprimé & même relié, & je vis dans la préface de ſi groſſes louanges de moi, ſi mauſſadement plaquées & avec tant d'affectation, que j'en fus désagréablement affecté. La rude flagornerie qui s'y faisoit sentir ne s'allia jamais avec la bienveillance ; mon cœur ne se trompa jamais là-dessus.

Quelques jours après, Madame ***. me vint voir avec sa fille. Elle m'apprit que son livre faisoit le plus grand bruit, à cause d'une note qui le lui attiroit ; j'avois à peine remarqué cette note, en parcourant rapidement ce roman. Je la relus, après le départ de Madame *** ; j'en examinai la tournure, j'y crus trouver le motif de ses visites & de ses cajoleries, des grosses louanges de sa préface, & je jugeai que tout cela n'avoit d'autre but que de disposer le public à m'attribuer la note, & par conséquent le blâme qu'elle pouvoit attirer à son auteur, dans la circonstance où elle étoit publiée.

Je n'avois aucun moyen de détruire ce bruit & l'impression qu'il pouvoit faire ; & tout ce qui dépendoit de moi étoit de ne pas l'entretenir, en souffrant la continuation des vaines & offensives visites de Madame ***. & de sa fille. Voici pour cet effet, le billet que j'écrivis à la mere.

« *Rousseau* ne recevant chez lui aucun auteur, remercie Madame ***. de ses bontés, & la prie de ne plus l'honorer de ses visites. »

Elle me répondit par une lettre honnête dans la forme, mais tournée comme toutes celles que l'on m'écrit en pareil cas. J'avois barbarement porté le poignard dans son cœur sensible, & je devois croire, au ton de sa lettre, qu'ayant pour moi des sentimens si vifs & si vrais, elle ne supporteroit point sans mourir cette rupture. C'est ainsi que la droiture & la franchise en toute chose, sont des crimes affreux dans le monde, & je paroîtrois à mes contemporains méchant & féroce, quand je n'aurois à leurs yeux d'autre crime que de n'être pas faux & perfide comme eux.

J'étois déja sorti plusieurs fois, & je me promenois même assez souvent aux Tuileries, quand je vis, à l'étonnement de plusieurs de ceux qui me rencontroient, qu'il y avoit encore à mon égard quelqu'autre nouvelle que j'ignorois. J'appris enfin que le bruit public étoit que j'étois mort de ma chûte; & ce bruit se répandit si rapidement & ſi opiniâtrément que, plus de quinze jours après que j'en fus inſtruit, l'on en parla à la Cour, comme d'une choſe ſûre. Le Courrier d'Avignon, à ce qu'on eut ſoin de m'écrire, annonçant cette heureuſe nouvelle, ne manqua pas d'anticiper, à cette occaſion, ſur le tribut d'outrages & d'indignités qu'on prépare à ma mémoire après ma mort, en forme d'oraiſon funebre.

Cette nouvelle fut accompagnée d'une circonſtance encore plus ſinguliere, que je n'appris que par haſard, & dont je n'ai pu ſavoir aucun détail. C'eſt qu'on avoit ouvert en même temps une ſouſcription pour l'impreſſion des manuſcrits que l'on trouveroit chez moi. Je compris par là qu'on tenoit prêt un recueil d'écrits fabriqués tout exprès pour me les attribuer d'abord après ma mort : car, de penſer qu'on imprimât fidelement aucun de ceux qu'on pourroit trouver en effet, c'étoit une bêtiſe qui ne pouvoit entrer dans l'eſprit d'un homme ſenſé, & dont quinze ans d'expérience ne m'ont que trop garanti.

Ces remarques, faites coup ſur coup, & ſuivies de beaucoup d'autres qui n'étoient gueres moins étonnantes, effaroucherent de rechef mon imagination, que je croyois amortie; & ces noires ténébres qu'on renforçoit sans relâche autour de moi, ranimerent toute l'horreur qu'elles m'inspirent naturellement. Je me fatiguai à faire sur tout cela mille commentaires, & à tâcher de comprendre des mysteres qu'on a rendus inexplicables pour moi. Le seul résultat constant de tant d'énigmes fut la confirmation de toutes mes conclusions précédentes, savoir, que la destinée de ma personne, & celle de ma réputation ayant été fixées de concert par toute la génération présente, nul effort de ma part ne pouvoit m'y soustraire, puisqu'il est de toute impossibilité de transmettre aucun dépôt à d'autres âges, sans le faire passer dans celui-ci par des mains intéressées à le supprimer.

Mais cette fois j'allai plus loin. L'amas de tant de circonstances fortuites, l'élévation de tous mes plus cruels ennemis, affectée, pour ainsi dire, par la fortune, tous ceux qui gouvernent l'État, tous ceux qui dirigent l'opinion publique, tous les gens en place, tous les hommes en crédit triés comme ſur le volet parmi ceux qui ont contre moi quelque animoſité ſecrette, pour concourir au commun complot; cet accord univerſel eſt trop extraordinaire pour être purement fortuit. Un ſeul homme qui eût refuſé d'en être complice, un ſeul événement qui lui eût été contraire, une ſeule circonſtance imprévue, qui lui eût fait obſtacle, ſuffiſoit pour le faire échouer. Mais toutes les volontés, toutes les fatalités, la fortune, & toutes les révolutions ont affermi l'œuvre des hommes, & un concours ſi frappant qui tient du prodige, ne peut me laiſſer douter que ſon plein ſuccès ne ſoit écrit dans les décrets éternels. Des foules d'obſervations particulieres, ſoit dans le paſſé, ſoit dans le préſent, me confirment tellement dans cette opinion, que je ne puis m'empêcher de regarder déſormais comme un de ces ſecrets du Ciel, impénétrables à la raiſon humaine, la même œuvre que je n'enviſageois juſqu'ici que comme un fruit de la méchanceté des hommes.

Cette idée, loin de m'être cruelle & déchirante, me conſole, me tranquillité, & m'aide à me résigner. Je ne vais pas si loin que Saint Augustin, qui se fût consolé d'être damné, si telle eût été la volonté de Dieu. Ma résignation vient d'une source moins désintéressée, il est vrai, mais non moins pure, & plus digne, à mon gré, de l'Etre parfait que j'adore.

Dieu est juste; il veut que je souffre; & il sait que je suis innocent. Voilà le motif de ma confiance; mon cœur & ma raison me crient qu'elle ne me trompera pas. Laissons donc faire les hommes & la destinée; apprenons à souffrir sans murmure; tout doit à la fin rentrer dans l'ordre, & mon tour viendra tôt ou tard.

TROISIEME PROMENADE.

Je deviens vieux en apprenant toujours.

SOLON répétoit ſouvent ce vers dans ſa vieilleſſe. Il a un ſens dans lequel je pourrois le dire auſſi dans la mienne ; mais c'eſt une bien triſte ſcience que celle que depuis vingt ans l'expérience m'a fait acquérir : l'ignorance eſt encore préférable. L'adverſité ſans doute eſt un grand maître ; mais ce maître fait payer cher ſes leçons, & ſouvent le profit qu'on en retire ne vaut pas le prix qu'elles ont coûté. D'ailleurs, avant qu'on ait obtenu tout cet acquis par des leçons ſi tardives, l'à-propos d'en uſer ſe paſſe. La jeuneſſe eſt le tems d'étudier la ſageſſe ; la vieilleſſe eſt le tems de la pratiquer. L'expérience inſtruit toujours, je l'avoue ; mais elle ne profite que pour l'eſpace qu'on a devant ſoi. Eſt-il tems, au moment qu'il faut mourir, d'apprendre comment on auroit dû vivre ?

Eh, que me ſervent des lumieres ſi tard & ſi douloureuſement acquiſes ſur ma deſtinée & ſur les paſſions d'autrui dont elle eſt l'œuvre ! Je n'ai appris à mieux connoître les hommes que pour mieux ſentir la miſere où ils m'ont plongé, ſans que cette connoiſſance, en me découvrant tous leurs piéges, m'en ait pu faire éviter aucun. Que ne ſuis-je reſté toujours dans cette imbécille mais douce confiance qui me rendit durant tant d'années la proie & le jouet de mes bruyans amis, ſans qu'enveloppé de toutes leurs trames, j'en euſſe même le moindre ſoupçon ! J'étois leur dupe & leur victime, il eſt vrai ; mais je me croyois aimé d'eux, & mon cœur jouiſſoit de l'amitié qu'ils m'avoient inſpirée en leur en attribuant autant pour moi. Ces douces illuſions ſont détruites. La triſte vérité que le tems & la raiſon m'ont dévoilée, en me faiſant ſentir mon malheur m'a fait voir qu'il étoit ſans remede & qu'il ne me reſtoit qu'à m'y réſigner. Ainſi toutes les expériences de mon âge ſont pour moi, dans mon état, ſans utilité préſente, & ſans profit pour l'avenir.

Nous entrons en lice à notre naiſſance, nous en ſortons à la mort. Que ſert d'apprendre à mieux conduire ſon char quand on eſt au bout de la carriere ? Il ne reſte plus à penſer alors que comment on en ſortira. L'étude d'un vieillard, s'il lui en reſte encore à faire, eſt uniquemant d'apprendre à mourir, & c'eſt préciſément celle qu'on fait le moins à mon âge; on y penſe à tout, hormis à cela. Tous les vieillards tiennent plus à la vie que les enfans, & en ſortent de plus mauvaiſe grace que les jeunes gens. C'eſt que tous leurs travaux ayant été pour cette vie, ils voyent à ſa fin qu'ils ont perdu leurs peines. Tous leurs ſoins, tous leurs biens, tous les fruits de leurs laborieuſes veilles, ils quittent tout quand il s'en vont. Ils n'ont ſongé à rien acquérir durant leur vie qu'ils puſſent emporter à leur mort.

Je me ſuis dit tout cela quand il étoit tems de me le dire ; & ſi je n'ai pas mieux ſu tirer parti de mes réflexions, ce n'eſt pas faute de les avoir faites à tems, & de les avoir bien digérées. Jetté dès mon enfance dans le tourbillon du monde, j'appris de bonne-heure, par l'expérience, que je n'étois pas fait pour y vivre, & que je n'y parviendrois jamais à l'état dont mon cœur ſentoit le beſoin. Ceſſant donc de chercher parmi les hommes le bonheur que je ſentois n'y pouvoir trouver, mon ardente imagination ſautoit déja par-deſſus l'eſpace de ma vie à peine commencée, comme ſur un terrein qui m'étoit étranger, pour ſe repoſer ſur une aſſiette tranquille où je puſſe me fixer.

Ce ſentiment, nourri par l'éducation dès mon enfance, & renforcé durant toute ma vie par ce long tiſſu de miſeres & d'infortunes qui l'a remplie, m'a fait chercher dans tous les tems à connoître la nature & la deſtination de mon être, avec plus d'intérêt & de ſoin que je n'en ai trouvé dans aucun autre homme. J'en ai beaucoup vu qui philoſophoient bien plus doctement que moi; mais leur philoſophie leur étoit, pour ainſi dire, étrangere. Voulant être plus ſavans que d'autres, ils étudioient l'univers pour ſavoir comment il étoit arrangé, comme ils auroient étudié quelque machine qu'ils auroient apperçus, par pure curiosité. Ils étudioient la nature humaine pour en pouvoir parler savamment, mais non pas pour se connoître ; ils travailloient pour instruire les autres, mais non pas pour s'éclairer en dedans. Plusieurs d'entr'eux ne vouloient que faire un livre, n'importoit quel, pourvu qu'il fût accueilli. Quand le leur étoit fait & publié, son contenu ne les intéressoit plus en aucune sorte, si ce n'est pour le faire adopter aux autres, & pour le défendre au cas qu'il fût attaqué ; mais du reste sans en rien tirer pour leur propre usage, sans s'embarrasser même que ce contenu fût faux ou vrai, pourvu qu'il ne fût pas réfuté. Pour moi, quand j'ai desiré d'apprendre, c'étoit pour savoir moi-même, & non pas pour enseigner ; j'ai toujours cru qu'avant d'instruire les autres, il falloit commencer par savoir assez pour soi ; & de toutes les études que j'ai tâché de faire en ma vie au milieu des hommes, il n'y en a gueres que je n'eusse faite également seul dans une isle déserte où j'aurois été confiné pour le reste de mes jours. Ce qu'on doit faire dépend beaucoup de ce qu'on doit croire ; & dans tout ce qui ne tient pas aux premiers besoins de la nature, nos opinions sont la regle de nos actions. Dans ce principe, qui fut toujours le mien, j'ai cherché souvent & long-tems, pour diriger l'emploi de ma vie, à connoître sa véritable fin, & je me suis bientôt consolé de mon peu d'aptitude à me conduire habilement dans ce monde, en sentant qu'il n'y falloit pas chercher cette fin.

Né dans une famille où régnoient les mœurs & la piété; élevé ensuite avec douceur chez un ministre plein de sagesse & de religion, j'avois reçu dès ma plus tendre enfance des principes, des maximes, d'autres diroient des préjugés, qui ne m'ont jamais tout-à-fait abandonné. Enfant encore, & livré à moi-même, alléché par des caresses, séduit par la vanité, leurré par l'espérance, forcé par la nécessité, je me fis catholique; mais je demeurai toujours chrétien; & bientôt gagné par l'habitude, mon cœur s'attacha sincerement à ma nouvelle religion. Les instructions, les exemples de Madame de *Warens*, m'affermirent dans cet attachement. La solitude champêtre où j'ai paſſé la fleur de ma jeuneſſe, l'étude des bons livres, à laquelle je me livrai tout entier, renforcerent auprès d'elle mes diſpoſitions naturelles aux ſentimens affectueux, & me rendirent dévot preſque à la maniere de *Fénélon*. La méditation dans la retraite, l'étude de la nature, la contemplation de l'univers, forcent un ſolitaire à s'élancer inceſſamment vers l'Auteur des choſes, & à chercher avec une douce inquiétude, la fin de tout ce qu'il voit, & la cauſe de tout ce qu'il ſent. Lorſque ma deſtinée me rejetta dans le torrent du monde, je n'y retrouvai plus rien qui pût flatter un moment mon cœur. Le regret de mes doux loiſirs me ſuivit par-tout, & jetta l'indifférence & le dégoût ſur tout ce qui pouvoit ſe trouver à ma portée, propre à mener à la fortune & aux honneurs. Incertain dans mes inquiets deſirs, j'eſpérois peu, j'obtins moins, & je ſentis dans des lueurs même de proſpérité, que quand j'aurois obtenu tout ce que je croyois chercher, je n'y aurois point trouvé ce bonheur dont mon cœur étoit avide ſans en ſavoir démêler l'objet. Ainſi tout contribuoit à détacher mes affections de ce monde, même avant les malheurs qui devoient m'y rendre tout-à-fait étranger. Je parvins jusqu'à l'âge de quarante ans, flottant entre l'indigence & la fortune, entre la sagesse & l'égarement, plein de vices d'habitude sans aucun mauvais penchant dans le cœur, vivant au hasard, sans principes bien décidés par ma raison, & distrait sur mes devoirs, sans les mépriser, mais souvent sans les bien connoître.

Dès ma jeunesse j'avois fixé cette époque de quarante ans comme le terme de mes efforts pour parvenir, & celui de mes prétentions en tout genre. Bien résolu, dès cet âge atteint & dans quelque situation que je fusse, de ne plus me débattre pour en sortir, & de passer le reste de mes jours à vivre au jour la journée, sans plus m'occuper de l'avenir. Le moment venu, j'exécutai ce projet sans peine; & quoiqu'alors ma fortune semblât vouloir prendre une assiette plus fixe, j'y renonçai non-seulement sans regret, mais avec un plaisir véritable. En me délivrant de tous ces leurres, de toutes ces vaines eſpérances, je me livrai pleinement à l'incurie & au repos d'eſprit, qui fit toujours mon goût le plus dominant, & mon penchant le plus durable. Je quittai le monde & ſes pompes, je renonçai à toutes parures, plus d'épée, plus de montre, plus de bas blancs, de dorure, de coiffure, une perruque toute ſimple, un bon gros habit de drap; & mieux que tout cela, je déracinai de mon cœur les cupidités & les convoitiſes qui donnent du prix à tout ce que je quittois. Je renonçai à la place que j'occupois alors, pour laquelle je n'étois nullement propre, & je me mis à copier de la muſique à tant la page, occupation pour laquelle j'avois eu toujours un goût décidé.

Je ne bornai pas ma réforme aux choſes extérieures. Je ſentis que celle-là même en exigeoit une autre plus pénible ſans doute, mais plus néceſſaire dans les opinions; & réſolu de n'en pas faire à deux fois, j'entrepris de ſoumettre mon intérieur à un examen ſévere qui le réglât pour le reſte de ma vie, tel que je voulois le trouver à ma mort.

Une grande révolution qui venoit de se faire en moi, un autre monde moral qui se dévoiloit à mes regards, les insensés jugemens des hommes, dont, sans prévoir encore combien j'en serois la victime, je commençois à sentir l'absurdité, le besoin toujours croissant d'un autre bien que la gloriole littéraire, dont à peine la vapeur m'avoit atteint, que j'en étois déja dégoûté ; le desir enfin de tracer pour le reste de ma carriere une route moins incertaine que celle dans laquelle j'en venois de passer la plus belle moitié, tout m'obligeoit à cette grande revue dont je sentois depuis long-tems le besoin. Je l'entrepris donc, & je ne négligeai rien de ce qui dépendoit de moi pour bien exécuter cette entreprise.

C'est de cette époque que je puis dater mon entier renoncement au monde, & le goût vif pour la solitude, qui ne m'a plus quitté depuis ce tems-là. L'ouvrage que j'entreprenois ne pouvoit s'exécuter que dans une retraite absolue ; il demandoit de longues & paisibles méditations que le tumulte de la société ne souffre pas.

Cela me força de prendre pour un tems une autre maniere de vivre, dont ensuite je me trouvai si bien, que ne l'ayant interrompue depuis lors que par force & pour peu d'instans, je l'ai reprise de tout mon cœur, & m'y suis borné sans peine, aussi-tôt que je l'ai pu; & quand ensuite les hommes m'ont réduit à vivre seul, j'ai trouvé qu'en me séquestrant pour me rendre misérable, ils avoient plus fait pour mon bonheur, que je n'avois su faire moi-même.

Je me livrai au travail que j'avois entrepris, avec un zele proportionné & à l'importance de la chose & au besoin que je sentois en avoir. Je vivois alors avec des philosophes modernes qui ne ressembloient gueres aux anciens : au lieu de lever mes doutes & de fixer mes irrésolutions, ils avoient ébranlé toutes les certitudes que je croyois avoir sur les points qu'il m'importoit le plus de connoître : car, ardens missionnaires d'athéïsme, & très-impérieux dogmatiques, ils n'enduroient point sans colere, que sur quelque point que ce pût être, on osât penser autrement qu'eux. Je m'étois défendu souvent assez foiblement, par haine pour la dispute, & par peu de talent pour la soutenir ; mais jamais je n'adoptai leur désolante doctrine, & cette résistance, à des hommes aussi intolérans, qui d'ailleurs avoient leurs vues, ne fut pas une des moindres causes qui attiserent leur animosité.

Ils ne m'avoient pas persuadé, mais ils m'avoient inquiété. Leurs argumens m'avoient ébranlé, sans m'avoir jamais convaincu ; je n'y trouvois point de bonne réponse ; mais je sentois qu'il y en devoit avoir. Je m'accusois moins d'erreur, que d'ineptie, & mon cœur leur répondoit mieux que ma raison.

Je me dis enfin ; me laisserai-je éternellement balotter par les sophismes des mieux disans, dont je ne suis pas même sûr que les opinions qu'ils prêchent & qu'ils ont tant d'ardeur à faire adopter aux autres, soyent bien les leurs à eux-mêmes ? Leurs passions, qui gouvernent leurs doctrines, leur intérêt de faire croire ceci ou cela, rendent impossible à pénétrer ce qu'ils croyent eux-mêmes. Peut-on chercher de la bonne-foi dans des chefs de parti ? Leur philosophie est pour les autres ; il m'en faudroit une pour moi. Cherchons-la de toutes mes forces, tandis qu'il est tems encore, afin d'avoir une regle fixe de conduite pour le reste de mes jours. Me voilà dans la maturité de l'âge, dans toute la force de l'entendement. Déja je touche au déclin. Si j'attends encore, je n'aurai plus dans ma délibération tardive, l'usage de toutes mes forces ; mes facultés intellectuelles auront déja perdu de leur activité, je ferai moins bien ce que je puis faire aujourd'hui de mon mieux possible : saisissons ce moment favorable ; il est l'époque de ma réforme externe & matérielle, qu'il soit aussi celle de ma réforme intellectuelle & morale. Fixons une bonne fois mes opinions, mes principes, & soyons pour le reste de ma vie ce que j'aurai trouvé devoir être après y avoir bien pensé.

J'exécutai ce projet lentement & à diverses reprises ; mais avec tout l'effort & toute l'attention dont j'étois capable. Je sentois vivement que le repos du reste de mes jours & mon sort total en en dépendoient. Je m'y trouvai d'abord dans un tel labyrinthe d'embarras, de difficultés, d'objections, de tortuosités, de ténebres, que vingt fois tenté de tout abandonner, je fus près, renonçant à de vaines recherches, de m'en tenir dans mes délibérations aux regles de la prudence commune, sans plus en chercher dans des principes que j'avois tant de peine à débrouiller. Mais cette prudence même m'étoit tellement étrangere, je me sentois si peu propre à l'acquérir, que la prendre pour mon guide, n'étoit autre chose que vouloir, à travers les mers & les orages, chercher sans gouvernail, sans boussole, un fanal presque inaccessible, & qui ne m'indiquoit aucun port.

Je persistai : pour la premiere fois de ma vie j'eus du courage; & je dois à son succès d'avoir pu soutenir l'horrible destinée qui, dès-lors, commençoit à m'envelopper sans que j'en eusse le moindre soupçon. Après les recherches les plus ardentes & les plus sinceres qui jamais, peut-être, ayent été faites par aucun mortel, je me décidai pour toute ma vie sur tous les sentimens qu'il m'importoit d'avoir ; & si j'ai pu me tromper dans mes résultats, je suis sûr au moins que mon erreur ne peut m'être imputée à crime ; car j'ai fait tous mes efforts pour m'en garantir. Je ne doute point, il est vrai, que les préjugés de l'enfance & les vœux secrets de mon cœur, n'aient fait pencher la balance du côté le plus consolant pour moi. On se défend difficilement de croire ce qu'on desire avec tant d'ardeur; & qui peut douter que l'intérêt d'admettre ou rejetter les jugemens de l'autre vie, ne détermine la foi de la plupart des hommes sur leur espérance ou leur crainte ? Tout cela pouvoit fasciner mon jugement, j'en conviens ; mais non pas altérer ma bonne-foi ; car je craignois de me tromper sur toute chose. Si tout consistoit dans l'usage de cette vie, il m'importoit de le savoir, pour en tirer du moins le meilleur parti qu'il dépendroit de moi, tandis qu'il étoit encore tems, & n'être pas tout-à-fait dupe. Mais ce que j'avois le plus à redouter au monde, dans la disposition où je me sentois, étoit d'exposer le sort éternel de mon ame pour la jouissance des biens de ce monde, qui ne m'ont jamais paru d'un grand prix.

J'avoue encore que je ne levai pas toujours à ma satisfaction toutes ces difficultés qui m'avoient embarrassé, & dont nos philosophes avoient si souvent rebattu mes oreilles. Mais, résolu de me décider enfin sur des matieres où l'intelligence humaine a si peu de prise, & trouvant de toutes parts des mysteres impénétrables & des objections insolubles, j'adoptai dans chaque question le sentiment qui me parut le mieux établi directement, le plus croyable en lui-même, sans m'arrêter aux objections que je ne pouvois résoudre, mais qui se retorquoient par d'autres objections non moins fortes dans le systême opposé. Le ton dogmatique sur ces matieres ne convient qu'à des charlatans ; mais il importe d'avoir un sentiment pour soi, & de le choisir avec toute la maturité de jugement qu'on y peut mettre. Si malgré cela nous tombons dans l'erreur, nous n'en saurions porter la peine en bonne justice, puisque nous n'en aurons point la coulpe. Voilà le principe inébranlable qui ſert de baſe à ma ſécurité.

Le réſultat de mes pénibles recherches, fut tel, à-peu-près, que je l'ai conſigné depuis dans la profeſſion de foi du Vicaire Savoyard, ouvrage indignement proſtitué & profané dans la génération préſente, mais qui peut faire un jour revolution parmi les hommes, ſi jamais il y renaît du bon ſens & de la bonne foi.

Depuis lors, reſté tranquille dans les principes que j'avois adoptés après une méditation ſi longue & ſi réfléchie, j'en ai fait la regle immuable de ma conduite & de ma foi, ſans plus m'inquiéter ni des objections que je n'avois pu réſoudre, ni de celles que je n'avois pu prévoir, & qui ſe préſentoient nouvellement de tems à autre à mon eſprit. Elles m'ont inquiété quelquefois, mais elles ne m'ont jamais ébranlé. Je me ſuis toujours dit : tout cela ne ſont que des arguties & des ſubtilités métaphyſiques, qui ne ſont d'aucun poids auprès des principes fondamentaux adoptés par ma raiſon, confirmés par mon cœur, & qui tous portent le ſceau de l'aſſentiment intérieur dans le ſilence des paſſions. Dans des matieres ſi ſupérieures à l'entendement humain, une objection que je ne puis réſoudre, renverſera-t-elle tout un corps de doctrine ſi ſolide, ſi bien liée, & formée avec tant de méditation & de ſoin, ſi bien appropriée à ma raiſon, à mon cœur, à tout mon être, & renforcé de l'aſſentiment intérieur que je ſens manquer à toutes les autres ? Non, de vaines argumentations ne détruiront jamais la convenance que j'apperçois entre ma nature immortelle & la conſtitution de ce monde, & l'ordre phyſique que j'y vois régner. J'y trouve dans l'ordre moral correſpondant, & dont le ſyſtême eſt le réſultat de mes recherches, les appuis dont j'ai beſoin pour ſupporter les miſeres de ma vie. Dans tout autre ſyſtême, je vivrois ſans reſſource, & je mourrois ſans eſpoir. Je ſerois la plus malheureuſe des créatures. Tenons-nous en donc à celui qui ſeul ſuffit pour me rendre heureux en dépit de la fortune & des hommes.

Cette délibération & la concluſion que j'en tirai, ne ſemblent-elles pas avoir été dictées par le Ciel même, pour me préparer à la destinée qui m'attendoit, & me mettre en état de la soutenir? Que serois-je devenu, que deviendrois-je encore, dans les angoisses affreuses qui m'attendoient, & dans l'incroyable situation où je suis réduit pour le reste de ma vie; si, resté sans asyle où je pusse échapper à mes implacables persécuteurs, sans dédommagement des opprobres qu'ils me font essuyer en ce monde, & sans espoir d'obtenir jamais la justice qui m'étoit due, je m'étois vu livré tout entier au plus horrible sort qu'ait éprouvé sur la terre aucun mortel? Tandis que, tranquille dans mon innocence, je n'imaginois qu'estime & bienveillance pour moi parmi les hommes; tandis que mon cœur ouvert & confiant s'épanchoit avec des amis & des freres, les traîtres m'enlaçoient en silence de rets forgés au fond des enfers. Surpris par les plus imprévus de tous les malheurs, & les plus terribles pour une ame fiere, traîné dans la fange, sans jamais savoir par qui ni pourquoi, plongé dans un abyme d'ignominie, enveloppé d'horribles ténebres, à travers les quelles je n'appercevois que de sinistres objets, à la premiere surprise je fus terrassé ; & jamais je ne serois revenu de l'abattement où me jetta ce genre imprévu de malheurs, si je ne m'étois ménagé d'avance des forces pour me relever dans mes chûtes.

Ce ne fut qu'après des années d'agitations que, reprenant enfin mes esprits, & commençant de rentrer en moi-même, je sentis le prix des ressources que je m'étois ménagées pour l'adversité. Décidé sur toutes les choses dont il m'importoit de juger, je vis, en comparant mes maximes à ma situation, que je donnois aux insensés jugemens des hommes, & aux petits événemens de cette courte vie, beaucoup plus d'importance qu'ils n'en avoient. Que cette vie n'étant qu'un état d'épreuves, il importoit peu que ces épreuves fussent de telle ou telle sorte, pourvu qu'il en résultât l'effet auquel elles étoient destinées ; & que par conséquent plus les épreuves étoient grandes, fortes, multipliées, plus il étoit avantageux de les savoir soutenir. Toutes les plus vives peines perdent leur force pour quiconque en voit le dédommagement grand & sûr ; & la certitude de ce dédommagement étoit le principal fruit que j'avois retiré de mes méditations précédentes.

Il est vrai qu'au milieu des outrages sans nombre, & des indignités sans mesure dont je me sentois accablé de toutes parts, des intervalles d'inquiétude & de doutes venoient de tems à autre ébranler mon espérance & troubler ma tranquillité. Les puissantes objections que je n'avois pu résoudre se présentoient alors à mon esprit avec plus de force, pour achever de m'abattre, précisément dans les momens où, surchargé du poids de ma destinée, j'étois prêt à tomber dans le découragement. Souvent des argumens nouveaux que j'entendois faire, me revenoient dans l'esprit à l'appui de ceux qui m'avoient déja tourmenté. Ah ! me disois-je alors dans des serremens de cœur prêts à m'étouffer, qui me garantira du désespoir, si dans l'horreur de mon sort, je ne vois plus que des chimeres dans les consolations que me fournissoit ma raison ? Si détruisant ainsi son propre ouvrage, elle renverse tout l'appui d'espérance & de confiance qu'elle m'avoit ménagé dans l'adversité. Quel appui que des illusions qui ne bercent que moi seul au monde ? Toute la génération présente ne voit qu'erreurs & préjugés dans les sentimens dont je me nourris seul ; elle trouve la vérité, l'évidence dans le systême contraire au mien ; elle semble même ne pouvoir croire que je l'adopte de bonne foi, & moi-même en m'y livrant de toute ma volonté, j'y trouve des difficultés insurmontables qu'il m'est impossible de résoudre, & qui ne m'empêchent pas d'y persister. Suis-je donc seul sage, seul éclairé parmi les mortels ? Pour croire que les choses sont ainsi, suffit-il qu'elles me conviennent ? Puis-je prendre une confiance éclairée en des apparences qui n'ont rien de solide aux yeux du reste des hommes, & qui me sembleroient illusoires à moi-même, si mon cœur ne soutenoit pas ma raison ? N'eût-il pas mieux valu combattre mes persécuteurs à armes égales en adoptant leurs maximes, que de rester sur les chimeres des miennes en proie à leurs atteintes sans agir pour les repousser ?

Je me crois ſage, & je ne ſuis que dupe, victime & martyr d'une vaine erreur.

Combien de fois, dans ces momens de doute & d'incertitude, je fus prêt à m'abandonner au déſeſpoir. Si jamais j'avois paſſé dans cet état un mois entier, c'étoit fait de ma vie & de moi. Mais ces criſes, quoiqu'autrefois aſſez fréquentes, ont toujours été courtes, & maintenant que je n'en ſuis pas délivré tout à fait encore, elles ſont ſi rares & ſi rapides, qu'elles n'ont pas même la force de troubler mon repos. Ce ſont de légeres inquiétudes qui n'affectent pas plus mon ame, qu'une plume qui tombe dans la riviere ne peut altérer le cours de l'eau. J'ai ſenti que remettre en délibération les mêmes points ſur leſquels je m'étois ci-devant décidé, étoit me ſuppoſer de nouvelles lumieres ou le jugement plus formé, ou plus de zele pour la vérité, que je n'avois lors de mes recherches; qu'aucun de ces cas n'étant ni ne pouvant être le mien, je ne pouvois préférer par aucune raiſon ſolide, des opinions qui dans l'accablement du déſeſpoir ne me tentoient que pour augmenter ma misere, à des sentimens adoptés dans la vigueur de l'âge, dans toute la maturité de l'esprit, après l'examen le plus réfléchi, & dans les tems où le calme de ma vie ne me laissoit d'autre intérêt dominant que celui de connoître la vérité. Aujourd'hui que mon cœur serré de détresse, mon ame affaissée par les ennuis, mon imagination effarouchée, ma tête troublée par tant d'affreux mysteres dont je suis environné; aujourd'hui que toutes mes facultés affoiblies par la vieillesse & les angoisses, ont perdu tout leur ressort, irai-je m'ôter à plaisir toutes les ressources que je m'étois ménagées, & donner plus de confiance à ma raison déclinante, pour me rendre injustement malheureux, qu'à ma raison pleine & vigoureuse, pour me dédommager des maux que je souffre sans les avoir mérités? Non, je ne suis ni plus sage, ni mieux instruit, ni de meilleure foi, que quand je me décidai sur ces grandes questions; je n'ignorois pas alors les difficultés dont je me laisse troubler aujourd'hui; elles ne m'arrêterent pas; & s'il s'en présente quelques nouvelles dont on ne s'étoit pas encore avisé, ce sont les sophismes d'une subtile métaphysique qui ne sauroient balancer les vérités éternelles, admises de tous les tems, par tous les Sages, reconnus par toutes les Nations, & gravées dans le cœur humain en caracteres ineffaçables. Je savois en méditant sur ces matieres, que l'entendement humain circonscrit par les sens, ne les pouvoit embrasser dans toute leur étendue. Je m'en tins donc à ce qui étoit à ma portée, sans m'engager dans ce qui la passoit. Ce parti étoit raisonnable, je l'embrassai jadis, & m'y tins avec l'assentiment de mon cœur & de ma raison. Sur quel fondement y renoncerois-je aujourd'hui, que tant de puissans motifs m'y doivent tenir attaché? Quel danger vois-je à le suivre? Quel profit trouverois-je à l'abandonner? En prenant la doctrine de mes persécuteurs, prendrois-je aussi leur morale? Cette morale sans racine & sans fruit, qu'ils étalent pompeusement dans des livres ou dans quelque action d'éclat sur le théâtre, sans qu'il en pénetre jamais rien dans le cœur ni dans la raison; ou bien cette autre morale secrette & cruelle, doctrine intérieure de tous leurs initiés, à laquelle l'autre ne ſert que de maſque, qu'ils ſuivent ſeule dans leur conduite, & qu'ils ont ſi habilement pratiquée à mon égard. Cette morale, purement offenſive, ne ſert point à la défenſe, & n'eſt bonne qu'à l'aggreſſion. De quoi me ſerviroit-elle dans l'état où ils m'ont réduit? Ma ſeule innocence me ſoutient dans les malheurs; & combien me rendrois-je plus malheureux encore, ſi, m'ôtant cette unique mais puiſſante reſſource, j'y ſubſtituois la méchanceté? Les atteindrois-je dans l'art de nuire; & quand j'y réuſſirois, de quel mal me ſoulageroit celui que je leur pourrois faire? Je perdrois ma propre eſtime, & je ne gagnerois rien à la place.

C'eſt ainſi que, raiſonnant avec moi-même, je parvins à ne plus me laiſſer ébranler dans mes principes par des argumens captieux, par des objections inſolubles, & par des difficultés qui paſſoient ma portée, & peut-être celle de l'eſprit humain. Le mien, reſtant dans la plus ſolide aſſiette que j'avois pu lui donner, s'accoutuma ſi bien à s'y repoſer à l'abri de ma conſcience, qu'aucune doctrine étrangere, ancienne ou nouvelle, ne peut plus l'émouvoir, ni troubler un instant mon repos. Tombé dans la langueur & l'appesantissement d'esprit, j'ai oublié jusqu'aux raisonnemens sur lesquels je fondois ma croyance & mes maximes; mais je n'oublierai jamais les conclusions que j'en ai tirées avec l'approbation de ma conscience & de ma raison, & je m'y tiens désormais. Que tous les Philosophes viennent ergoter contre; ils perdront leurs temps & leurs peines. Je me tiens pour le reste de ma vie, en toute chose, au parti que j'ai pris quand j'étois plus en état de bien choisir.

Tranquille dans ces dispositions, j'y trouve, avec le contentement de moi, l'espérance & les consolations dont j'ai besoin dans ma situation. Il n'est pas possible qu'une solitude aussi complette, aussi permanente, aussi triste en elle-même, l'animosité toujours sensible & toujours active de toute la génération présente, les indignités dont elle m'accable sans cesse, ne me jettent quelquefoi dans l'abattement; l'espérance ébranlée, les doutes décourageants reviennent encore de temps à autre troubler mon ame & la remplir de tristesse. C'est alors, qu'incapable des opérations de l'esprit nécessaires pour me rassurer moi-même, j'ai besoin de me rappeller mes anciennes résolutions ; les soins, l'attention, la sincérité de cœur que j'ai mises à les prendre, reviennent alors à mon souvenir, & me rendent toute ma confiance. Je me refuse ainsi à toutes nouvelles idées, comme à des erreurs funestes, qui n'ont qu'une fausse apparence, & ne sont bonnes qu'à troubler mon repos.

Ainsi, retenu dans l'étroite sphere de mes anciennes connoissances, je n'ai pas, comme Solon, le bonheur de pouvoir m'instruire chaque jour en vieillissant, & je dois même me garantir du dangereux orgueil de vouloir apprendre ce que je suis désormais hors d'état de bien savoir. Mais s'il me reste peu d'acquisitions à espérer du côté des lumieres utiles, il m'en reste de bien importantes à faire du côté des vertus nécessaires à mon état. C'est-là qu'il seroit temps d'enrichir & d'orner mon ame d'un acquis qu'elle pût emporter avec elle, lorsque, délivrée de ce corps qui l'offusque & l'aveugle, &

voyant la vérité ſans voile, elle appercevra la miſere de toutes ces connoiſſances dont nos faux ſavans ſont ſi vains. Elle gémira des momens perdus en cette vie à les vouloir acquérir. Mais la patience, la douceur, la réſignation, l'intégrité, la juſtice impartiale, ſont un bien qu'on emporte avec ſoi, & dont on peut s'enrichir ſans ceſſe, ſans craindre que la mort même nous en faſſe perdre le prix. C'eſt à cette unique & utile étude que je conſacre le reſte de ma vieilleſſe. Heureux ſi par mes progrès ſur moi-même, j'apprends à ſortir de la vie, non meilleur, car cela n'eſt pas poſſible, mais plus vertueux que je n'y ſuis entré !

QUATRIEME PROMENADE.

DANS le petit nombre de livres que je lis quelquefois encore, Plutarque est celui qui m'attache & me profite le plus. Ce fut la premiere lecture de mon enfance, ce sera la derniere de ma vieillesse; c'est presque le seul auteur que je n'ai jamais lu sans en tirer quelque fruit. Avant-hier je lisois dans ses œuvres morales le traité, *comment on pourra tirer utilité de ses ennemis?* Le même jour, en rangeant quelques brochures qui m'ont été envoyées par les Auteurs, je tombai sur un des journaux de l'Abbé *R****. au titre duquel il avoit mis ces paroles : *Vitam vero impendenti*, *R****. Trop au fait des tournures de ces Messieurs, pour prendre le change sur celle-là, je compris qu'il avoit cru, sous cet air de politesse, me dire une cruelle contre-vérité : mais sur quoi fondé ? Pourquoi ce sarcasme ? Quel sujet y pouvois-je avoir donné ? Pour mettre à profit les leçons du bon Plutarque, je résolus d'employer à m'examiner sur le menſonge, la promenade du lendemain, & j'y vins bien confirmé dans l'opinion déja priſe que le *connois-toi toi-même* du Temple de Delphes, n'étoit pas une maxime ſi facile à ſuivre, que je l'avois cru dans mes Confeſſions.

Le lendemain, m'étant mis en marche pour exécuter cette réſolution, la premiere idée qui me vint, en commençant à me recueillir, fut celle d'un menſonge affreux fait dans ma premiere jeuneſſe, dont le ſouvenir m'a troublé toute ma vie, & vient juſques dans ma vieilleſſe, contriſter mon cœur déja navré de tant d'autres façons. Ce menſonge, qui fut un grand crime en lui-même, en dût être un plus grand encore par ſes effets, que j'ai toujours ignorés, mais que le remords m'a fait ſuppoſer auſſi cruels qu'il étoit poſſible. Cependant, à ne conſulter que la diſpoſition où j'étois en le faiſant, ce menſonge ne fut que le fruit de la mauvaiſe honte, & bien loin qu'il partît d'une intention de nuire à celle qui en fut la victime, je puis jurer à la face du Ciel, qu'à l'inſtant même où cette honte invincible me l'arrachoit, j'aurois donné tout mon ſang avec joie, pour en détourner l'effet ſur moi ſeul. C'eſt un délire que je ne puis expliquer, qu'en diſant, comme je crois le ſentir, qu'en cet inſtant mon naturel timide ſubjugua tous les vœux de mon cœur.

Le ſouvenir de ce malheureux acte, & les inextinguibles regrets qu'il m'a laiſſés, m'ont inſpiré pour le menſonge une horreur qui a dû garantir mon cœur de ce vice, pour le reſte de ma vie. Lorſque je pris ma deviſe, je me ſentois fait pour la mériter, & je ne doutois pas que je n'en fuſſe digne, quand, ſur le mot de l'Abbé *R****. je commençai de m'examiner plus ſérieuſement.

Alors, en m'épluchant avec plus de ſoin, je fus bien ſurpris du nombre de choſes de mon invention, que je me rappellois avoir dites comme vraies, dans le même temps où, fier en moi-même de mon amour pour la vérité, je lui ſacrifiois ma ſûreté, mes intérêts, ma perſonne, avec une impartialité dont je ne connois nul autre exemple parmi les humains.

Ce qui me ſurprit le plus, étoit qu'en me rappellant ces choſes controuvées, je n'en ſentois aucun vrai repentir. Moi, dont l'horreur pour la fausseté n'a rien dans mon cœur qui la balance, moi qui braverois les supplices, s'il les falloit éviter par un mensonge, par quelle bizarre inconséquence mentois-je ainsi de gaîté de cœur, sans nécessité, sans profit; & par quelle inconcevable contradiction n'en sentois-je pas le moindre regret, moi que le remords d'un mensonge n'a cessé d'affliger pendant cinquante ans? Je ne me suis jamais endurci sur mes fautes; l'instinct moral m'a toujours bien conduit, ma conscience a gardé sa premiere intégrité, & quand même elle se seroit altérée, en se pliant à mes intérêts, comment, gardant toute sa droiture dans les occasions où l'homme, forcé par ses passions, peut au moins s'excuser sur sa foiblesse, la perd-elle uniquement dans les choses indifférentes, où le vice n'a point d'excuse? Je vis que de la solution de ce problême dépendoit la justesse du jugement que j'avois à porter en ce point sur moi-même, & après l'avoir bien examiné, voici de quelle maniere je parvins à me l'expliquer.

Je me souviens d'avoir lu dans un livre de philosophie, que mentir, c'est cacher une vérité que l'on doit manifester. Il ſuit bien de cette définition, que taire une vérité qu'on n'eſt pas obligé de dire, n'eſt pas mentir : mais celui qui, non content, en pareil cas, de ne pas dire la vérité, dit le contraire, ment-il alors, ou ne ment-il pas ? Selon la définition, l'on ne ſauroit dire qu'il ment. Car, s'il donne de la fauſſe monnoie à un homme auquel il ne doit rien, il trompe cet homme, ſans doute, mais il ne le vole pas.

Il ſe préſente ici deux queſtions à examiner, très-importantes l'une & l'autre. La premiere, quand & comment on doit à autrui la vérité, puiſqu'on ne la doit pas toujours. La ſeconde, s'il eſt des cas où l'on puiſſe tromper innocemment. Cette ſeconde queſtion eſt très-décidée, je le ſais bien; négativement dans les livres, où la plus auſtere morale ne coûte rien à l'Auteur; affirmativement dans la ſociété, où la morale des livres paſſe pour un bavardage impoſſible à pratiquer. Laiſſons donc ces autorités qui ſe contrediſent, & cherchons par mes propres principes, à réſoudre pour moi ces queſtions.

La vérité générale & abſtraite eſt le plus précieux de tous les biens. Sans elle l'homme eſt aveugle; elle eſt l'œil de la raiſon. C'eſt par elle que l'homme apprend à ſe conduire, à être ce qu'il doit être, à faire ce qu'il doit faire, à tendre à ſa véritable fin. La vérité particuliere & individuelle n'eſt pas toujours un bien, elle eſt quelquefois un mal, très-ſouvent une choſe indifférente. Les choſes qu'il importe à un homme de ſavoir, & dont la connoiſnoiſſance eſt néceſſaire à ſon bonheur, ne ſont peut être pas en grand nombre; mais en quelque nombre qu'elles ſoient, elles ſont un bien qui lui appartient, qu'il a droit de réclamer partout où il le trouve, & dont on ne peut le fruſtrer, ſans commettre le plus inique de tous les vols, puiſqu'elle eſt de ces biens communs à tous, dont la communication n'en prive point celui qui le donne.

Quant aux aux vérités qui n'ont aucune ſorte d'utilité, ni pour l'inſtruction, ni dans la pratique, comment seroient-elles un bien dû, puisqu'elles ne sont pas même un bien, & puisque la propriété n'est fondée que sur l'utilité; où il n'y a point d'utilité possible, il ne peut y avoir de propriété. On peut réclamer un terrein quoique stérile, parce qu'on peut au moins habiter sur le sol : mais qu'un fait oiseux, indifférent à tous égards, & sans conséquence pour personne, soit vrai ou faux, cela n'intéresse qui que ce soit. Dans l'ordre moral rien n'est inutile, non plus que dans l'ordre physique. Rien ne peut être dû de ce qui n'est bon à rien : pour qu'une chose soit due, il faut qu'elle soit, ou puisse être utile. Ainsi, la vérité due est celle qui intéresse la justice, & c'est profaner ce nom sacré de vérité, que de l'appliquer aux choses vaines, dont l'existence est indifférente à tous, & dont la connoissance est inutile à tout. La vérité dépouillée de toute espece d'utilité même possible, ne peut donc pas être une chose due, & par conséquent celui qui la tait, ou la déguise, ne ment point.

Mais est-il de ces vérités si parfaitement stériles qu'elles soient, de tout point, inutiles à tout? c'est un autre article à diſcuter, & auquel je reviendrai tout-à-l'heure. Quant à préſent, paſſons à la ſeconde queſtion.

Ne pas dire ce qui eſt vrai, & dire ce qui eſt faux, ſont deux choſes très-différentes, mais dont peut néanmoins réſulter le même effet ; car ce réſultat eſt aſſurément bien le même, toutes les fois que cet effet eſt nul. Par-tout où la vérité eſt indifférente, l'erreur contraire eſt indifférente auſſi ; d'où il ſuit qu'en pareil cas, celui qui trompe, en diſant le contraire de la vérité, n'eſt pas plus injuſte que celui qui trompe en ne la déclarant pas ; car, en fait de vérités inutiles, l'erreur n'a rien de pire que l'ignorance. Que je croie le ſable qui eſt au fond de la mer blanc ou rouge, cela n'importe pas plus que d'ignorer de quelle couleur il eſt. Comment pourroit-on être injuſte, en ne nuiſant à perſonne, puiſque l'injuſtice ne conſiſte que dans le tort fait à autrui ?

Mais ces queſtions ainſi ſommairement décidées, ne ſauroient me fournir encore aucune application ſûre pour la pratique, ſans beaucoup d'éclairciſſements préalables, néceſſaires pour faire

avec

avec justesse cette application dans tous les cas qui peuvent se présenter. Car, si l'obligation de dire la vérité n'est fondée que sur son utilité, comment me constituerai-je juge de cette utilité? Très-souvent l'avantage de l'un fait le préjudice de l'autre; l'intérêt particulier est presque toujours en opposition avec l'intérêt public. Comment se conduire en pareil cas? Faut il sacrifier l'utilité de l'absent à celle de la personne à qui l'on parle? Faut-il taire ou dire la vérité qui, profitant à l'un, nuit à l'autre? Faut-il peser tout ce qu'on doit dire à l'unique balance du bien public, ou à celle de la justice distributive; & suis-je assuré de connoître assez tous les apports de la chose, pour ne dispenser les lumieres dont je dispose que sur les regles de l'équité? De plus, en examinant ce qu'on doit aux autres, ai-je examiné suffisamment ce qu'on se doit à soi-même, ce qu'on doit à la vérité pour elle seule? Si je ne fais aucun tort à un autre en le trompant, s'ensuit-il que je ne m'en fasse point à moi-même; & suffit-il de n'être jamais injuste, pour être toujours innocent?

Que d'embarraſſantes diſcuſſions, dont il ſeroit aiſé de ſe tirer, en ſe diſant : ſoyons toujours vrai, au riſque de tout ce qui en peut arriver. La juſtice elle-même eſt dans la vérité des choſes ; le menſonge eſt toujours iniquité, l'erreur eſt toujours impoſture, quand on donne ce qui n'eſt pas pour la regle de ce qu'on doit faire ou croire ; & quelqu'effet qui réſulte de la verité, on eſt toujours inculpable quand on l'a dite, parce qu'on n'y a rien mis du ſien.

Mais c'eſt-là trancher la queſtion ſans la réſoudre. Il ne s'agiſſoit pas de prononcer s'il ſeroit bon de dire toujours la vérité, mais ſi l'on y étoit toujours également obligé ; & ſur la définition que j'examinois, ſuppoſant que non, de diſtinguer les cas où la vérité eſt rigoureuſement due, de ceux où l'on peut la taire ſans injuſtice, & la déguiſer ſans menſonge : car j'ai trouvé que de tels cas exiſtoient réellement. Ce dont il s'agit eſt donc de chercher une regle ſûre pour les connoître & les bien déterminer.

Mais d'où tirer cette regle & la preuve de ſon infaillibilité ?.... Dans toutes les queſtions de morale difficiles comme celle-ci, je me ſuis toujours bien trouvé de les réſoudre par le dictamen de ma conſcience, plutôt que par les lumieres de ma raiſon. Jamais l'inſtinct moral ne m'a trompé : il a gardé juſqu'ici ſa pureté dans mon cœur, aſſez pour que je puiſſe m'y confier ; & s'il ſe tait quelquefois devant mes paſſions dans ma conduite, il reprend bien ſon empire ſur elles dans mes ſouvenirs. C'eſt-là que je me juge moi-même avec autant de ſévérité, peut-être, que je ſerai jugé par le Souverain Juge après cette vie.

Juger des diſcours des hommes par les effets qu'ils produiſent, c'eſt ſouvent mal les apprécier. Outre que ces effets ne ſont pas toujours ſenſibles & faciles à connoître, ils varient à l'infini, comme les circonſtances dans leſquelles ces diſcours ſont tenus. Mais c'eſt uniquement l'intention de celui qui les tient qui les apprécie, & détermine leur degré de malice ou de bonté. Dire faux, n'eſt mentir que par l'intention de tromper ; & l'intention même de tromper, loin d'être toujours jointe avec celle de nuire, a quelquefois un but tout contraire. Mais pour rendre un mensonge innocent, il ne suffit pas que l'intention de nuire ne soit pas expresse; il faut de plus la certitude que l'erreur dans laquelle on jette ceux à qui l'on parle ne peut nuire à eux ni à personne, en quelque façon que ce soit. Il est rare & difficile qu'on puisse avoir cette certitude; aussi est-il difficile & rare qu'un mensonge soit parfaitement innocent. Mentir pour son avantage à soi-même, est imposture; mentir pour l'avantage d'autrui, est fraude; mentir pour nuire est calomnie; c'est la pire espece de mensonge. Mentir sans profit ni préjudice de soi ni d'autrui, n'est pas mentir: ce n'est pas mensonge, c'est fiction.

Les fictions qui ont un objet moral s'appellent apologues ou fables; & comme leur objet n'est ou ne doit être que d'envelopper des vérités utiles sous des formes sensibles & agréables, en pareil cas, on ne s'attache gueres à cacher le mensonge de fait, qui n'est que l'habit de la verité, & celui qui ne débite une fable que pour une fable, ne ment en aucune façon.

Il est d'autres fictions purement oiſeuſes, telles que ſont la plupart des contes & des romans, qui, ſans renfermer aucune inſtruction véritable, n'ont pour objet que l'amuſement. Celles-là, dépouillées de toute utilité morale, ne peuvent s'apprécier que par l'intention de celui qui les invente ; & lorſqu'il les débite avec affirmation, comme des vérités réelles, on ne peut gueres diſconvenir qu'elles ne ſoient de vrais menſonges. Cependant, qui jamais s'eſt fait un grand ſcrupule de ces menſonges-là ; & qui jamais en a fait un reproche grave à ceux qui les font ? S'il y a, par exemple, quelque objet moral dans le Temple de Gnide, cet objet eſt bien offuſqué & gâté par les détails voluptueux & par les images laſcives. Qu'a fait l'Auteur, pour couvrir cela d'un vernis de modeſtie ? Il a feint que ſon ouvrage étoit la traduction d'un manuſcrit Grec, & il a fait l'hiſtoire de la découverte de ce manuſcrit, de la façon la plus propre à perſuader ſes lecteurs de la vérité de ſon récit. Si ce n'eſt pas-là un menſonge bien poſitif, qu'on me diſe donc ce que c'eſt que mentir ? Cependant, qui eſt-ce qui s'eſt aviſé de faire à l'Auteur un crime de ce mensonge, & de le traiter pour cela d'imposteur?

On dira vainement que ce n'est-là qu'une plaisanterie, que l'Auteur, tout en affirmant, ne vouloit persuader personne, qu'il n'a persuadé personne en effet, & que le public n'a pas douté un moment qu'il ne fût lui-même l'Auteur de l'ouvrage prétendu Grec dont il se donnoit pour le traducteur. Je répondrai qu'une pareille plaisanterie, sans aucun objet, n'eût été qu'un bien sot enfantillage, qu'un menteur ne ment pas moins quand il affirme, quoiqu'il ne persuade pas; qu'il faut détacher du public instruit des multitudes de lecteurs simples & crédules, à qui l'histoire du manuscrit, narrée par un Auteur grave avec un air de bonne foi, en a réellement imposé, & qui ont bu sans crainte dans une coupe de forme antique, le poison dont ils se seroient au moins défiés, s'il leur eût été présenté dans un vase moderne.

Que ces distinctions se trouvent ou non dans les livres, elles ne s'en font pas moins dans le cœur de tout homme de bonne foi avec lui-même, qui ne veut rien se permettre que sa conscience puiſſe lui reprocher. Car, dire une choſe fauſſe à ſon avantage, n'eſt pas moins mentir que ſi on la diſoit au préjudice d'autrui ; quoique le menſonge ſoit moins criminel. Donner l'avantage à qui ne doit pas l'avoir, c'eſt troubler l'ordre de la juſtice ; attribuer fauſſement à ſoi-même ou à autrui un acte d'où peut réſulter louange ou blâme, inculpation ou diſculpation, c'eſt faire une choſe injuſte ; or, tout ce qui, contraire à la vérité, bleſſe la juſtice en quelque façon que ce ſoit, c'eſt menſonge. Voilà la limite exacte : mais tout ce qui, contraire à la vérité, n'intéreſſe la juſtice en aucune ſorte, n'eſt que fiction, & j'avoue que quiconque ſe reproche une pure fiction comme un menſonge, a la conſcience plus délicate que moi.

Ce qu'on appelle menſonges officieux, ſont de vrais menſonges, parce qu'en impoſer à l'avantage ſoit d'autrui, ſoit de ſoi-même, n'eſt pas moins injuſte, que d'en impoſer à ſon détriment. Quiconque loue ou blâme contre la vérité, ment, dès qu'il s'agit d'une perſonne réelle. S'il s'agit d'un être imaginaire, il en peut dire tout ce qu'il veut, ſans mentir, à moins qu'il ne juge ſur la moralité des faits qu'il invente, & qu'il n'en juge fauſſement : car alors, s'il ne ment pas dans le fait, il ment contre la vérité morale, cent fois plus reſpectable que celle des faits.

J'ai vu de ces gens qu'on appelle vrais dans le monde. Toute leur véracité s'épuiſe dans les converſations oiſeuſes, à citer fidelement les lieux, les temps, les perſonnes, à ne ſe permettre aucune fiction, à ne broder aucune circonſtance, à ne rien exagérer. En tout ce qui ne touche point à leur intérêt, ils ſont dans leurs narrations de la plus inviolable fidélité. Mais, s'agit-il de traiter quelque affaire qui les regarde, de narrer quelque fait qui leur touche de près ; toutes les couleurs ſont employées pour préſenter les choſes ſous le jour qui leur eſt le plus avantageux ; & ſi le menſonge leur eſt utile, & qu'ils s'abſtiennent de le dire eux-mêmes, ils le favoriſent avec adreſſe, & ſont en ſorte qu'on l'adopte ſans le leur pouvoir imputer. Ainſi le veut la prudence : adieu la véracité.

L'homme que j'appelle *vrai* fait tout

le contraire. En choſes parfaitement indifférentes, la vérité qu'alors l'autre reſpecte ſi fort, le touche fort peu, & il ne ſe fera gueres de ſcrupule d'amuſer une compagnie par des faits controuvés, dont il ne réſulte aucun jugement injuſte ni pour ni contre qui que ce ſoit, vivant ou mort. Mais tout diſcours qui produit pour quelqu'un profit ou dommage, eſtime ou mépris, louange ou blâme contre la juſtice & la vérité, eſt un menſonge qui jamais n'approchera de ſon cœur, ni de ſa bouche, ni de ſa plume. Il eſt ſolidement *vrai*, même contre ſon intérêt, quoiqu'il ſe pique aſſez peu de l'être dans des converſations oiſeuſes. Il eſt *vrai*, en ce qu'il ne cherche à tromper perſonne, qu'il eſt auſſi fidele à la vérité qui l'accuſe, qu'à celle qui l'honore, & qu'il n'en impoſe jamais pour ſon avantage, ni pour nuire à ſon ennemi. La différence donc qu'il y a entre mon homme *vrai* & l'autre, eſt que celui du monde eſt très rigoureuſement fidele à toute vérité qui ne lui coûte rien, mais pas au-delà, & que le mien ne la ſert jamais ſi fidelement que quand il faut s'immoler pour elle.

Mais, diroit-on, comment accorder ce relâchement avec cet ardent amour pour la vérité dont je le glorifie? Cet amour eſt donc faux, puiſqu'il ſouffre tant d'alliage? Non, il eſt pur & vrai : mais il n'eſt qu'une émanation de l'amour de la juſtice, & ne veut jamais être faux, quoiqu'il ſoit ſouvent fabuleux. Juſtice & vérité ſont dans ſon eſprit deux mots ſynonymes, qu'il prend l'un pour l'autre indifféremment La ſainte vérité que ſon cœur adore ne conſiſte point en faits indifférens & en noms inutiles, mais à rendre fidelement à chacun ce qui lui eſt dû en choſes poſitivement ſiennes, en imputations bonnes ou mauvaiſes, en rétributions d'honneur ou de blâme, de louange ou d'improbation. Il n'eſt faux, ni contre autrui, parce que ſon équité l'en empêche, & qu'il ne veut nuire à perſonne injuſtement, ni pour lui-même, parce que ſa conſcience l'en empêche, & qu'il ne ſauroit s'approprier ce qui n'eſt pas à lui. C'eſt ſurtout de ſa propre eſtime qu'il eſt jaloux; c'eſt le bien dont il peut le moins ſe paſſer, & il ſentiroit une perte réelle d'acquérir celle des autres, aux dépens de ce bien-là. Il mentira donc quelquefois en choses indifférentes, sans scrupule & sans croire mentir, jamais pour le dommage ou le profit d'autrui, ni de lui-même. En tout ce qui tient aux vérités historiques, en tout ce qui a trait à la conduite des hommes, à la justice & à la sociabilité, aux lumieres utiles, il garantira de l'erreur, & lui-même, & les autres, autant qu'il dépendra de lui. Tout mensonge hors de-là, selon lui, n'en est pas un. Si le Temple de Gnide est un ouvrage utile, l'histoire du manuscrit Grec n'est qu'une fiction très-innocente; elle est un mensonge très-punissable, si l'ouvrage est dangereux.

Telles furent mes regles de conscience, sur le mensonge & sur la vérité. Mon cœur suivoit machinalement ces regles, avant que ma raison les eût adoptées, & l'instinct moral en fit seul l'application. Le criminel mensonge dont la pauvre Marion fut la victime, m'a laissé d'ineffaçables remords, qui m'ont garanti tout le reste de ma vie, non-seulement de tout mensonge de cette espece, mais de tous ceux qui, de quelque façon que ce pût être, pouvoient toucher l'intérêt & la réputation d'autrui. En généraliſant ainſi l'excluſion, je me ſuis diſpenſé de peſer exactement l'avantage & le préjudice, & de marquer les limites préciſes du menſonge nuiſible & du menſonge officieux; en regardant l'un & l'autre comme coupables, je me les ſuis interdits tous les deux.

En ceci comme en tout le reſte, mon tempérament a beaucoup influé ſur mes maximes, ou plutôt ſur mes habitudes; car je n'ai gueres agi par regles, ou n'ai gueres ſuivi d'autres regles en toute choſe, que les impulſions de mon naturel. Jamais menſonge prémédité n'approcha de ma penſée, jamais je n'ai menti pour mon intérêt; mais ſouvent j'ai menti par honte, pour me tirer d'embarras en choſes indifférentes, ou qui n'intéreſſoient tout au plus que moi ſeul, lorſqu'ayant à ſoutenir un entretien, la lenteur de mes idées & l'aridité de ma converſation me forçoit de recourir aux fictions, pour avoir quelque choſe à dire. Quand il faut néceſſairement parler, & que des vérités amuſantes ne ſe préſentent pas aſſez tôt à mon eſprit, je débite des fables, pour ne pas demeurer muet; mais dans l'invention de ces fables, j'ai ſoin, tant que je puis, qu'elles ne ſoient pas des menſonges, c'eſt à-dire qu'elles ne bleſſent ni la juſtice ni la vérité due, & qu'elles ne ſoient que des fictions indifférentes à tout le monde & à moi. Mon deſir ſeroit bien d'y ſubſtituer au moins à la vérité des faits une vérité morale; c'eſt-à dire, d'y bien repréſenter les affections naturelles au cœur humain, & d'en faire ſortir toujours quelque inſtruction utile, d'en faire en un mot des contes moraux, des apologues; mais il faudroit plus de préſence d'eſprit que je n'en ai, & plus de facilité dans la parole, pour ſavoir mettre à profit pour l'inſtruction, le babil de la converſation. Sa marche, plus rapide que celle de mes idées, me forçant preſque toujours de parler avant de penſer, m'a ſouvent ſuggéré des ſottiſes & des inepties, que ma raiſon déſapprouvoit, & que mon cœur déſavouoit, à meſure qu'elles échappoient de ma bouche, mais qui, précédant mon propre jugement, ne pouvoient plus être réformées par ſa cenſure.

C'eſt encore par cette premiere & irréſiſtible impulſion du tempérament, que, dans des momens imprévus & rapides, la honte & la timidité m'arrachent ſouvent des menſonges, auxquels ma volonté n'a point de part; mais qui la précedent en quelque ſorte par la néceſſité de répondre à l'inſtant. L'impreſſion profonde du ſouvenir de la pauvre Marion peut bien retenir toujours ceux qui pourroient étre nuiſibles à d'autres; mais non pas ceux qui peuvent ſervir à me tirer d'embarras quand il s'agit de moi ſeul, ce qui n'eſt pas moins contre ma conſcience & mes principes, que ceux qui peuvent influer ſur le ſort d'autrui.

J'atteſte le Ciel que ſi je pouvois l'inſtant d'après retirer le menſonge qui m'excuſe, & dire la vérité qui me charge, ſans me faire un nouvel affront en me rétractant, je le ferois de tout mon cœur; mais la honte de me prendre ainſi moi-même en faute me retient encore, & je me repens très-ſincerement de ma faute, ſans néanmoins l'oſer réparer. Un exemple expliquera mieux ce que je veux dire, & montrera que je ne mens ni par intérêt ni par amour-propre, encore moins par envie ou par malignité; mais uniquement par embarras & mauvaiſe honte, ſachant même très-bien quelquefois que ce menſonge eſt connu pour tel, & ne peut me ſervir du tout à rien.

Il y a quelque tems que M. *F****. m'engagea contre mon uſage à aller avec ma femme, dîner en maniere de pic-nic, avec lui & M. *B****. chez la Dame***. reſtauratrice, laquelle & ſes deux filles dînerent auſſi avec nous. Au milieu du dîné, l'aînée, qui eſt mariée depuis peu & qui étoit groſſe,....... (*) s'aviſa de me demander bruſquement & en me fixant, ſi j'avois eu des enfans. Je répondis en rougiſſant juſqu'aux yeux que je n'avois pas eu ce bonheur. Elle ſourit malignement en regardant la compagnie : tout cela n'étoit pas bien obſcur, même pour moi.

Il eſt clair d'abord que cette réponſe n'eſt point celle que j'aurois voulu faire, quand même j'aurois eu l'intention d'en impoſer ; car dans la diſpoſition où je

(*) Ces points indiquent quelques mots que l'on n'a pas pu lire dans le manuſcrit.

voyois les convives, j'étois bien ſûr que ma réponſe ne changeoit rien à leur opinion ſur ce point. On s'attendoit à cette négative, on la provoquoit même pour jouir du plaiſir de m'avoir fait mentir. Je n'étois pas aſſez bouché pour ne pas ſentir cela. Deux minutes après, la réponſe que j'aurois dû faire me vint d'elle-même. *Voilà une queſtion peu diſcrette de la part d'une jeune femme, à un homme qui a vieilli garçon.* En parlant ainſi, ſans mentir, ſans avoir à rougir d'aucun aveu, je mettois les rieurs de mon côté, & je lui faiſois une petite leçon qui naturellement devoit la rendre un peu moins impertinente à me queſtionner. Je ne fis rien de tout cela; je ne dis point ce qu'il falloit dire, je dis ce qu'il ne falloit pas & qui ne pouvoit me ſervir de rien. Il eſt donc certain que ni mon jugement ni ma volonté ne dicterent ma réponſe, & qu'elle fut l'effet machinal de mon embarras. Autrefois je n'avois point cet embarras, & je faiſois l'aveu de mes fautes avec plus de franchiſe que de honte, parce que je ne doutois pas qu'on ne vît ce qui les rachetoit & que je ſentois au-dedans de moi ; mais l'œil de la malignité me navre & me déconcerte ; en devenant plus malheureux, je ſuis devenu plus timide, & jamais je n'ai menti que par timidité.

Je n'ai jamais mieux ſenti mon averſion naturelle pour le menſonge qu'en écrivant mes Confeſſions ; car c'eſt-là que les tentations auroient été fréquentes & fortes, pour peu que mon penchant m'eût porté de ce côté. Mais loin d'avoir rien tû, rien diſſimulé qui fût à ma charge, par un tour d'eſprit que j'ai peine à m'expliquer, & qui vient peut-être d'éloignement pour toute imitation, je me ſentois plutôt porté à mentir dans le ſens contraire en m'accuſant avec trop de ſévérité, qu'en m'excuſant avec trop d'indulgence, & ma conſcience m'aſſure qu'un jour je ſerai jugé moins ſéverement que je ne me ſuis jugé moi-même. Oui, je le dis & le ſens avec une fiere élévation d'ame, j'ai porté dans cet écrit la bonne foi, la véracité, la franchiſe, auſſi loin, plus loin même, au moins je le crois, que ne fit jamais aucun autre homme ; ſentant que le bien ſurpaſſoit le mal, j'avois mon intérêt à tout dire, & j'ai tout dit.

Je n'ai jamais dit moins, j'ai dit plus quelquefois, non dans les faits, mais dans les circonſtances ; & cette eſpece de menſonge fût plutôt l'effet du délire de l'imagination qu'un acte de volonté. J'ai tort même de l'appeller menſonge, car aucune de ces additions n'en fut un. J'écrivois mes Confeſſions déja vieux, & dégoûté des vains plaiſirs de la vie que j'avois tous effleurés, & dont mon cœur avoit bien ſenti le vuide. Je les écrivois de mémoire ; cette mémoire me manquoit ſouvent, ou ne me fourniſſoit que des ſouvenirs imparfaits, & j'en rempliſſois les lacunes par des détails que j'imaginois en ſupplément de ces ſouvenirs, mais qui ne leur étoient jamais contraires J'aimois à m'étendre ſur les momens heureux de ma vie, & je les embelliſſois quelquefois des ornemens que des tendres regrets venoient me fournir. Je diſois les choſes que j'avois oubliées comme il me ſembloit qu'elles avoient dû être, comme elles avoient été peut-être en effet, jamais au contraire de ce que je me rappellois qu'elles avoient été. Je prétois quelquefois à la vérité des charmes étrangers; mais jamais je n'ai mis le menſonge à la place pour pallier mes vices, ou pour m'arroger des vertus.

Que ſi quelquefois ſans y ſonger, par un mouvement involontaire, j'ai caché le côté difforme en me peignant de profil, ces réticences ont bien été compenſées par d'autres réticences plus biſarres qui m'ont ſouvent fait taire le bien plus ſoigneuſement que le mal. Ceci eſt une ſingularité de mon naturel qu'il eſt fort pardonnable aux hommes de ne pas croire; mais qui tout incroyable qu'elle eſt, n'en eſt pas moins réelle; j'ai ſouvent dit le mal dans toute ſa turpitude, j'ai rarement dit le bien dans tout ce qu'il eut d'aimable, & ſouvent je l'ai tû tout-à-fait parce qu'il m'honoroit trop, & qu'en faiſant mes Confeſſions j'aurois l'air d'avoir fait mon éloge. J'ai décrit mes jeunes ans ſans me vanter des heureuſes qualités dont mon cœur étoit doué, & même en ſupprimant les faits qui les mettoient trop en évidence. Je m'en rappelle ici deux de ma première enfance, qui tous deux ſont bien venus à mon ſouvenir en écrivant ; mais que j'ai rejettés l'un & l'autre, par l'unique raiſon dont je viens de parler.

J'allois preſque tous les Dimanches paſſer la journée aux Pâquis, chez M. *Fazy*, qui avoit épouſé une de mes tantes, & qui avoit là une fabrique d'indiennes. Un jour j'étois à l'étendage, dans la chambre de la calandre, & j'en regardois les rouleaux de fonte : leur luiſant flattoit ma vue, je fus tenté d'y poſer mes doigts & je les promenois avec plaiſir ſur le liſſé du cylindre, quand le jeune *Fazy* s'étant mis dans la roue, lui donna un demi-quart de tour ſi adroitement, qu'il n'y prit que le bout de mes deux plus longs doigts ; mais c'en fut aſſez pour qu'ils y fuſſent écraſés par le bout & que les deux ongles y reſtaſſent. Je fis un cri perçant, *Fazy* détourne à l'inſtant la roue ; mais les ongles ne reſterent pas moins au cylindre, & le ſang ruiſſeloit de mes doigts. *Fazy* conſterné s'écrie, ſort de la roue, m'embraſſe & me conjure d'appaiſer mes cris, ajoutant qu'il étoit perdu. Au fort de ma douleur la ſienne me toucha, je me tus ; nous fûmes à la carpiere, où il m'aida à laver mes doigts & à étancher mon ſang avec de la mouſſe. Il me ſupplia avec larmes de ne point l'accuſer ; je le lui promis, & le tins ſi bien, que plus de vingt ans après, perſonne ne ſavoit par quelle aventure j'avois deux de mes doigts cicatriſés ; car ils le ſont demeurés toujours. Je fus détenu dans mon lit plus de trois ſemaines, & plus de deux mois hors d'état de me ſervir de ma main, diſant toujours qu'une groſſe pierre en tombant m'avoit écraſé mes doigts.

> Magnanima menzôgna ! or quando è il vero
> Si bello che ſi poſſa à te preporre ?

Cet accident me fut pourtant bien ſenſible par la circonſtance ; car c'étoit le tems des exercices où l'on faiſoit manœuvrer la Bourgeoiſie, & nous avions fait un rang de trois autres enfans de mon âge avec leſquels je devois, en uniforme, faire l'exercice avec la compagnie de mon quartier. J'eus la douleur d'entendre le tambour de la compagnie paſſant ſous ma fenêtre avec mes trois camarades, tandis que j'étois dans mon lit.

Mon autre hiſtoire eſt toute ſemblable, mais d'un âge plus avancé.

Je jouois au mail à Plain-Palais, avec un de mes camarades appellé *Plince*. Nous prîmes querelle au jeu, nous nous battîmes, & durant le combat il me donna ſur la tête nue un coup de mail ſi bien appliqué que d'une main plus forte il m'eût fait ſauter la cervelle. Je tombe à l'inſtant. Je ne vis de ma vie une agitation pareille à celle de ce pauvre garçon, voyant mon ſang ruiſſeler dans mes cheveux. Il crut m'avoir tué. Il ſe précipite ſur moi, m'embraſſe, me ſerre étroitement en fondant en larmes & pouſſant des cris perçans. Je l'embraſſois auſſi de toute ma force en pleurant comme lui dans émotion confuſe, qui n'étoit pas ſans quelque douceur. Enfin il ſe mit en devoir d'étancher mon ſang qui continuoit de couler, & voyant que nos deux mouchoirs n'y pouvoient ſuffire, il m'entraîna chez ſa mere qui avoit un petit jardin près de là. Cette bonne Dame faillit à ſe trouver mal en me voyant dans cet état. Mais elle ſut conſerver des forces pour me panſer, & après avoir bien bassiné ma plaie elle y appliqua des fleurs de lys macerées dans l'eau-de-vie, vulnéraire excellent & très-usité dans notre pays. Ses larmes & celles de son fils pénétrerent mon cœur au point que long-tems je la regardai comme ma mere, & son fils comme mon frere, jusqu'à ce qu'ayant perdu l'un & l'autre de vue, je les oubliai peu-à-peu.

Je gardai le même secret sur cet accident que sur l'autre, & il m'en est arrivé cent autres de pareille nature en ma vie, dont je n'ai pas même été tenté de parler dans mes Confessions, tant j'y cherchois peu l'art de faire valoir le bien que je sentois dans mon caractere. Non, quand j'ai parlé contre la vérité qui m'étoit connue, ce n'a jamais été qu'en choses indifférentes, & plus, ou par l'embarras de parler ou pour le plaisir d'écrire que par aucun motif d'intérêt pour moi, ni d'avantage ou de préjudice d'autrui. Et quiconque lira mes Confessions impartialement, si jamais cela arrive, sentira que les aveux que j'y fais sont plus humilians, plus pénibles à faire, que ceux d'un mal plus grand mais moins honteux à dire, & que je n'ai pas dit parce que je ne l'ai pas fait.

Il ſuit de toutes ces réfléxions, que la profeſſion de véracité que je me ſuis faite a plus ſon fondement ſur des ſenti- de droiture & d'équité que ſur la réalité des choſes, & que j'ai plus ſuivi dans la pratique, les directions morales de ma conſcience, que les notions abſtraites du vrai & du faux. J'ai ſouvent débité bien des fables; mais j'ai très-rarement menti. En ſuivant ces principes j'ai donné ſur moi beaucoup de priſes aux autres, mais je n'ai fait tort à qui que ce fût, & je ne me ſuis point attribué à moi-même plus d'avantage qu'il ne m'en étoit dû. C'eſt uniquement par-là, ce me ſemble, que la vérité eſt une vertu. A tout autre égard elle n'eſt pour nous qu'un être métaphyſique, dont il ne réſulte ni bien ni mal.

Je ne ſens pourtant pas mon cœur aſſez content de ces diſtinctions pour me croire tout-à-fait irrepréhenſible. En peſant avec tant de ſoin ce que je devois aux autres, ai-je aſſez examiné ce que je me devois à moi-même? S'il faut être juſte pour autrui, il faut être vrai pour ſoi; c'eſt un hommage que l'honnête-homme doit rendre à ſa propre dignité. Quand la ſtérilité de ma converſation

me

me forçoit d'y ſuppléer par d'innocentes fictions, j'avois tort, parce qu'il ne faut point pour amuſer autrui s'avilir ſoi-même; & quand, entraîné par le plaiſir d'écrire, j'ajoutois à des choſes réelles des ornemens inventés, j'avois plus de tort encore parce que orner la vérité par des fables, c'eſt en effet la défigurer.

Mais ce qui me rend plus inexcuſable eſt la deviſe que j'avois choiſie. Cette deviſe m'obligeoit plus que tout autre homme à une profeſſion plus étroite de la vérité, & il ne ſuffiſoit pas que je lui ſacrifiaſſe par-tout mon intérêt & mes penchans, il falloit lui ſacrifier auſſi ma foibleſſe, & mon naturel timide. Il falloit avoir le courage & la force d'être vrai toujours en toute occaſion, & qu'il ne ſortît jamais ni fictions ni fables d'une bouche & d'une plume, qui s'étoient particuliérement conſacrées à la vérité. Voilà ce que j'aurois dû me dire en prenant cette fiere deviſe, & me répéter ſans ceſſe tant que j'oſai la porter. Jamais la fauſſeté ne dicta mes menſonges, ils ſont tous venus de foibleſſe, mais cela m'excuſe très-mal. Avec une ame foible on peut tout au plus ſe garantir du vice, mais c'eſt être arrogant & téméraire, d'oſer profeſſer de grandes vertus.

Voilà des réflexions qui probablement ne me ſeroient jamais venues dans l'eſprit, ſi l'Abbé *R****. ne me les eût ſuggérées. Il eſt bien tard, ſans doute, pour en faire uſage ; mais il n'eſt pas trop tard au moins pour redreſſer mon erreur, & remettre ma volonté dans la regle ; car c'eſt déſormais tout ce qui dépend de moi. En ceci donc & en toutes choſes ſemblables, la maxime de Solon eſt applicable à tous les âges ; & il n'eſt jamais trop tard pour apprendre même de ſes ennemis, à être ſage, vrai, modeſte, & à moins préſumer de ſoi.

CINQUIEME PROMENADE.

De toutes les habitations où j'ai demeuré, (& j'en ai eu de charmantes) aucune ne m'a rendu ſi véritablement heureux, & ne m'a laiſſé de ſi tendres regrets, que l'Iſle de Saint Pierre, au milieu du Lac de Bienne. Cette petite Iſle qu'on appelle à Neufchâtel, l'Iſle de la Motte, eſt bien peu connue, même en Suiſſe. Aucun voyageur, que je ſache, n'en fait mention. Cependant elle eſt très-agréable & ſingulierement ſituée pour le bonheur d'un homme qui aime à ſe circonſcrire ; car quoique je ſois peut-être le ſeul au monde à qui ſa deſtinée en ait fait une loi, je ne puis croire être le ſeul qui ait un goût ſi naturel, quoique je ne l'aye trouvé juſqu'ici chez nul autre.

Les rives du Lac de Bienne ſont plus ſauvages & romantiques que celles du Lac de Geneve, parce que les rochers & les bois y bordent l'eau de plus près ; mais elles ne ſont pas moins riantes. S'il y a moins de culture de champs & de vignes, moins de villes & de maiſons ; il y a auſſi plus de verdure naturelle, plus de prairies, d'aſyles ombragés de boccages, des contraſtes plus fréquens & des accidens plus rapprochés. Comme il n'y a pas ſur ces heureux bords, de grandes routes commodes pour les voitures, le pays eſt peu fréquenté par les voyageurs ; mais il eſt intéreſſant pour des contemplatifs ſolitaires qui aiment à s'enivrer à loiſir des charmes de la nature, & à ſe recueillir dans un ſilence que ne trouble aucun autre bruit que le cri des aigles, le ramage entrecoupé de quelques oiſeaux, & le roulement des torrens qui tombent de la montagne. Ce beau baſſin d'une forme preſque ronde, enferme dans ſon milieu deux petites Iſles ; l'une habitée & cultivée, d'environ demi-lieue de tour ; l'autre plus petite, déſerte & en friche, & qui ſera détruite à la fin par les tranſports de la terre qu'on en ôte ſans ceſſe pour réparer les dégats que les vagues & les orages font à la grande. C'eſt ainſi que la ſubſtance du foible est toujours employée au profit du puissant.

Il n'y a dans l'Isle qu'une seule maison, mais grande, agréable & commode, qui appartient à l'hôpital de Berne, ainsi que l'Isle, & où loge un Receveur avec sa famille & ses domestiques. Il y entretient une nombreuse basse-cour, une voliere, & des réservoirs pour le poisson. L'Isle, dans sa petitesse, est tellement variée dans ses terreins & ses aspects, qu'elle offre toutes sortes de sites, & souffre toutes sortes de cultures. On y trouve des champs, des vignes, des bois, des vergers, des gras pâturages ombragés de bosquets, & bordés d'arbrisseaux de toute espece, dont le bord des eaux entretient la fraîcheur; une haute terrasse plantée de deux rangs d'arbres, borde l'Isle dans sa longueur; & dans le milieu de cette terrasse on a bâti un joli salon, où les habitans des rives voisines se rassemblent & viennent danser les dimanches durant les vendanges.

C'est dans cette Isle que je me réfugiai après la lapidation de Motiers. J'en trouvai le séjour si charmant, j'y menois une vie ſi convenable à mon humeur que, réſolu d'y finir mes jours, je n'avois d'autre inquiétude, ſinon qu'on ne me laiſsât pas exécuter ce projet qui ne s'accordoit pas avec celui de m'entraîner en Angleterre, dont je ſentois déja les premiers effets. Dans les preſſentimens qui m'inquiétoient, j'aurois voulu qu'on m'eût fait de cet aſyle une priſon perpétuelle, qu'on m'y eût confiné pour toute ma vie, & qu'en m'ôtant toute puiſſance & tout eſpoir d'en ſortir, on m'eût interdit toute eſpece de communication avec la terre ferme; de ſorte qu'ignorant tout ce qui ſe faiſoit dans le monde, j'en euſſe oublié l'exiſtence, & qu'on y eut oublié la mienne auſſi.

On ne m'a laiſſé paſſer gueres que deux mois dans cette Iſle; mais j'y aurois paſſé deux ans, deux ſiecles, & toute l'éternité, ſans m'y ennuyer un moment, quoique je n'y euſſe avec ma compagne, d'autre ſociété que celle du Receveur, de ſa femme & de ſes domeſtiques, qui tous étoient, à la vérité, de très-bonnes gens, & rien de plus; mais c'étoit préciſément ce qu'il me falloit. Je compte ces deux mois pour le tems le plus heureux de ma vie ; & tellement heureux, qu'il m'eût ſuffi durant toute mon exiſtence, ſans laiſſer naître un ſeul inſtant dans mon ame le deſir d'un autre état.

Quel étoit donc ce bonheur, & en quoi conſiſtoit ſa jouiſſance ? Je le donnerois à deviner à tous les hommes de ce ſiecle ſur la deſcription de la vie que j'y menois. Le précieux *far niente* fut la premiere & la principale de ces jouiſſances que je voulus ſavourer dans toute ſa douceur ; & tout ce que je fis durant mon ſéjour ne fut, en effet, que l'occupation délicieuſe & néceſſaire d'un homme qui s'eſt dévoué à l'oiſiveté.

L'eſpoir qu'on ne demanderoit pas mieux que de me laiſſer dans ce ſéjour iſolé où je m'étois enlacé de moi-même, dont il m'étoit impoſſible de ſortir ſans aſſiſtance & ſans être bien apperçu, & où je ne pouvois avoir ni communication, ni correſpondance, que par le concours des gens qui m'entouroient ; cet eſpoir, dis-je, me donnoit celui d'y finir mes jours plus tranquillement que je ne les avois paſſés, & l'idée que j'aurois le tems de m'y arranger tout à loiſir, fit que je commençai par n'y faire aucun arrangement. Tranſporté là bruſquement ſeul & nud, j'y fis venir ſucceſſivement ma gouvernante, mes livres, & mon petit équipage dont j'eus le plaiſir de ne rien déballer, laiſſant mes caiſſes & mes malles comme elles étoient arrivées, & vivant dans l'habitation, où je comptois achever mes jours, comme dans une auberge dont j'aurois dû partir le lendemain. Toutes choſes telles qu'elles étoient, alloient ſi bien, que vouloir les mieux conduire, étoit y gâter quelque choſe. Un de mes plus grands délices étoit, ſur-tout, de laiſſer toujours mes livres bien encaiſſés & de n'avoir point d'écritoire. Quand de malheureuſes lettres me forçoient de prendre la plume pour y répondre, j'empruntois, en murmurant, l'écritoire du Receveur, & je me hâtois de la rendre dans la vaine eſpérance de n'avoir plus beſoin de la remprunter. Au lieu de ces triſtes paperaſſes & de toute cette bouquinerie, j'empliſſois ma chambre de fleurs & de foin; car j'étois alors dans ma premiere ferveur de Botanique, pour laquelle le Docteur d'Ivernois m'avoit inſpiré un goût qui bientôt devint paſſion. Ne voulant plus d'œuvre de travail, il m'en falloit une d'amuſement qui me plût & qui ne me donnât de peine que celle qu'aime à prendre un pareſſeux. J'entrepris de faire la *Flora petrinſularis*, & de décrire toutes les plantes de l'Iſle, ſans en omettre une ſeule, avec un détail ſuffiſant pour m'occuper le reſte de mes jours. On dit qu'un Allemand a fait un livre ſur un zeſt de citron; j'en aurois fait un ſur chaque gramen des prés, ſur chaque mouſſe des bois, ſur chaque lichen qui tapiſſe les rochers; enfin je ne voulois pas laiſſer un poil d'herbe, pas un atome végétal qui ne fut amplement décrit. En conſéquence de ce beau projet, tous les matins après le déjeûné, que nous faiſions tous enſemble, j'allois, une louppe à la main & mon *ſyſtema naturæ* ſous le bras, viſiter un canton de l'Iſle que j'avois, pour cet effet, diviſée en petits quarrés, dans l'intention de les parcourir l'un après l'autre en chaque ſaiſon. Rien n'eſt plus ſingulier que les raviſſemens, les extaſes que j'éprouvois à chaque obſervation que je faisois sur la structure & l'organisation végétale, & sur le jeu des parties sexuelles dans la fructification, dont le systême étoit alors tout-à-fait nouveau pour moi. La distinction des caracteres génériques, dont je n'avois pas auparavant la moindre idée, m'enchantoit en les vérifiant sur les especes communes, en attendant qu'il s'en offrît à moi de plus rares. La fourchure des deux longues étamines de la Brunelle, le ressort de celles de l'Ortie & de la Pariétaire, l'explosion du fruit de la Balsamine, & de la capsule du Buis; mille petits jeux de la fructification que j'observois pour la premiere fois, me combloient de joie; & j'allois demandant si l'on avoit vu les cornes de la Brunelle, comme La Fontaine demandoit si l'on avoit lu Habacuc. Au bout de deux ou trois heures je m'en revenois chargé d'une ample moisson, provision d'amusement pour l'après dînée au logis, en cas de pluie. J'employois le reste de la matinée à aller avec le Receveur, sa femme & Thérese, visiter leurs ouvriers & leur récolte, mettant le plus souvent la main à l'œuvre avec eux; &

ſouvent des Bernois qui me venoient voir m'ont trouvé juché ſur de grands arbres, ceint d'un ſac que je rempliſſois de fruit, & que je dévallois enſuite à terre avec une corde. L'exercice que j'avois fait dans la matinée, & la bonne humeur qui en eſt inſéparable, me rendoient le repos du dîné très-agréable; mais quand il ſe prolongeoit trop & que le beau tems m'invitoit, je ne pouvois ſi long-tems attendre, & pendant qu'on étoit encore à table, je m'eſquivois, & j'allois me jetter ſeul dans un bateau, que je conduiſois au milieu du Lac, quand l'eau étoit calme; & là, m'étendant tout de mon long dans le bateau, les yeux tournés vers le Ciel, je me laiſſois aller & dériver lentement au gré de l'eau, quelquefois pendant pluſieurs heures, plongé dans mille rêveries confuſes, mais délicieuſes; & qui, ſans avoir aucun objet bien déterminé ni conſtant, ne laiſſoient pas d'être à mon gré, cent fois préférables à tout ce que j'avois trouvé de plus doux, dans ce qu'on appelle les plaiſirs de la vie. Souvent averti par le baiſſer du ſoleil de l'heure de la retraite, je me trouvois si loin de l'Isle, que j'étois forcé de travailler de toute ma force pour arriver avant la nuit close. D'autres fois, au lieu de m'écarter en pleine eau, je me plaisois à côtoyer les verdoyantes rives de l'Isle, dont les limpides eaux & les ombrages frais m'ont souvent engagé à m'y baigner. Mais une de mes navigations les plus fréquentes étoit d'aller de la grande à la petite Isle, d'y débarquer & d'y passer l'après-dînée, tantôt à des promenades très-circonscrites au milieu des marceaux, des bourdaines, des persicaires, des arbrisseaux de toute espece; & tantôt m'établissant au sommet d'un tertre sabloneux, couvert de gazon, de serpolet, de fleurs, même d'esparcette, & de treffles qu'on y avoit vraisemblablement semés autrefois, & très-propre à loger des lapins, qui pouvoient là multiplier en paix sans rien craindre, & sans nuire à rien. Je donnai cette idée au Receveur, qui fit venir de Neufchâtel des lapins mâles & femelles, & nous allâmes en grande pompe, sa femme, une de ses sœurs, Thérese & moi, les établir dans la petite Isle, où ils commençoient à peupler avant mon départ, & où ils auront prospéré sans doute, s'ils ont pu soutenir la rigueur des hivers. La fondation de cette petite colonie fut une fête. Le pilote des Argonautes n'étoit pas plus fier que moi, menant en triomphe la compagnie & les lapins de la grande Isle à la petite; & je notois avec orgueil, que la Receveuse qui redoutoit l'eau à l'excès & s'y trouvoit toujours mal, s'embarqua sous ma conduite avec confiance, & ne montra nulle peur durant la traversée.

Quand le Lac agité ne me permettoit pas la navigation, je passois mon après-midi à parcourir l'Isle en herborisant à droite & à gauche, m'asseyant tantôt dans les réduits les plus rians & les plus solitaires pour y rever à mon aise; tantôt sur les terrasses & les tertres, pour parcourir des yeux le superbe & ravissant coup-d'œil du Lac & de ses rivages, couronnés d'un côté par des montagnes prochaines, & de l'autre élargis en riches & fertiles plaines, dans lesquelles la vue s'étendoit jusqu'aux montagnes bleuâtres plus éloignées qui la bornoient.

Quand le soir approchoit, je descendois des cimes de l'Isle, & j'allois volontiers m'asseoir au bord du Lac, sur la grève dans quelque asyle caché ; là, le bruit des vagues & l'agitation de l'eau fixant mes sens, & chassant de mon ame toute autre agitation, la plongeoient dans une rêverie délicieuse où la nuit me surprenoit souvent sans que je m'en fusse apperçu. Le flux & reflux de cette eau, son bruit continu, mais renflé par intervalles, frappant sans relâche mon oreille & mes yeux, suppléoient aux mouvemens internes que la rêverie éteignoit en moi, & suffisoient pour me faire sentir avec plaisir mon existence, sans prendre la peine de penser. De tems à autre naissoit quelque foible & courte réflexion sur l'instabilité des choses de ce monde, dont la surface des eaux m'offroit l'image ; mais bientôt ces impressions légeres s'effaçoient dans l'uniformité du mouvement continu qui me berçoit, & qui, sans aucun concours actif de mon ame, ne laissoit pas de m'attacher au point, qu'appellé par l'heure & par le signal convenu, je ne pouvois m'arracher de-là sans efforts.

Après le soupé, quand la soirée

étoit belle, nous allions encore tous ensemble faire quelque tour de promenade sur la terrasse pour y respirer l'air du Lac & la fraîcheur. On se reposoit dans le pavillon, on rioit, on causoit, on chantoit quelque vieille chanson qui valoit bien le tortillage moderne, & enfin l'on s'alloit coucher content de sa journée & n'en desirant qu'une semblable pour le lendemain.

Telle est, laissant à part les visites imprévues & importunes, la maniere dont j'ai passé mon tems dans cette Isle durant le séjour que j'y ai fait. Qu'on me dise à présent ce qu'il y a là d'assez attrayant pour exciter dans mon cœur des regrets si vifs, si tendres & si durables, qu'au bout de quinze ans il m'est impossible de songer à cette habitation chérie, sans m'y sentir à chaque fois transporter encore par les élans du desir.

J'ai remarqué dans les vicissitudes d'une longue vie, que les époques des plus douces jouissances & des plaisirs les plus vifs, ne sont pourtant pas celles dont le souvenir m'attire & me touche le plus. Ces courts momens de délire & de passion, quelque vifs qu'ils puisſent être, ne ſont cependant & par leur vivacité même, que des points bien clair-ſemés dans la ligne de la vie. Ils ſont trop rares & trop rapides pour conſtituer un état; & le bonheur que mon cœur regrette n'eſt point composé d'inſtans fugitifs, mais un état ſimple & permanent, qui n'a rien de vif en lui-même, mais dont la durée accroit le charme au point d'y trouver enfin la ſuprême félicité.

Tout eſt dans un flux continuel ſur la terre. Rien n'y garde une forme conſtante & arrêtée, & nos affections qui s'attachent aux choſes extérieures paſſent & changent néceſſairement comme elles. Toujours en avant ou en arriere de nous, elles rappellent le paſſé qui n'eſt plus, ou préviennent l'avenir qui ſouvent ne doit point être : il n'y a rien là de ſolide à quoi le cœur ſe puiſſe attacher. Auſſi n'a-t-on gueres ici-bas que du plaiſir qui paſſe; pour le bonheur qui dure, je doute qu'il y ſoit connu. A peine eſt-il dans nos plus vives jouiſſances un inſtant où le cœur puiſſe véritablement nous dire : *je voudrois que cet inſtant durât toujours.* Et comment peut-on appeller bonheur un état fugitif qui nous laiſſe encore le cœur inquiet & vide, qui nous fait regretter quelque choſe avant, ou déſirer encore quelque choſe après?

Mais s'il eſt un état où l'ame trouve une aſſiette aſſez ſolide pour s'y repoſer toute entiere, & raſſembler là tout ſon être, ſans avoir beſoin de rappeller le paſſé, ni d'enjamber ſur l'avenir; où le tems ne ſoit rien pour elle, où le préſent dure toujours, ſans néanmoins marquer ſa durée, & ſans aucune trace de ſucceſſion, ſans aucun autre ſentiment de privation ni de jouiſſance, de plaiſir ni de peine, de déſir ni de crainte, que celui ſeul de notre exiſtence, & que ce ſentiment ſeul puiſſe la remplir toute entiere; tant que cet état dure, celui qui s'y trouve peut s'appeller heureux, non d'un bonheur imparfait, pauvre & relatif, tel que celui qu'on trouve dans les plaiſirs de la vie; mais d'un bonheur ſuffiſant, parfait & plein, qui ne laiſſe dans l'ame aucun vide qu'elle ſente le beſoin de remplir. Tel eſt l'état où je me ſuis trouvé ſouvent à l'Iſle de Saint-Pierre dans mes rêveries ſolitaires, ſoit couché dans mon bateau, que je laiſſois dériver au gré de l'eau, ſoit aſſis ſur les rives du lac agité, ſoit ailleurs, au bord d'une belle riviere, ou d'un ruiſſeau murmurant ſur le gravier.

De quoi jouit-on dans une pareille ſituation ? De rien d'extérieur à ſoi, de rien, ſinon de ſoi-même & de ſa propre exiſtence; tant que cet état dure, on ſe ſuffit à ſoi même, comme Dieu. Le ſentiment de l'exiſtence, dépouillé de toute autre affection, eſt par lui-même un ſentiment précieux de contentement & de paix, qui ſuffiroit ſeul pour rendre cette exiſtence chere & douce à qui ſauroit écarter de ſoi toutes les impreſſions ſenſuelles & terreſtres qui viennent ſans ceſſe nous en diſtraire, & en troubler ici-bas la douceur. Mais la plupart des hommes agités de paſſions continuelles, connoiſſent peu cet état, & ne l'ayant goûté qu'imparfaitement durant peu d'inſtans, n'en conſervent qu'une idée obſcure & confuſe, qui ne leur en fait pas ſentir le charme. Il ne ſeroit pas même bon dans la préſente conſtitution des choſes, qu'avides de ces douces extaſes, ils s'y dégoûtaſſent de la vie active, dont leurs beſoins, toujours renaiſſans, leur prescrivent le devoir. Mais un infortuné qu'on a retranché de la société humaine, & qui ne peut plus rien faire ici-bas d'utile & de bon pour autrui ni pour soi, peut trouver dans cet état, à toutes les félicités humaines, des dédommagemens que la fortune & les hommes ne sauroient lui ôter.

Il est vrai que ces dédommagemens ne peuvent être sentis par toutes les ames ni dans toutes les situations. Il faut que le cœur soit en paix, & qu'aucune passion n'en vienne troubler le calme. Il y faut des dispositions de la part de celui qui les éprouve, il en faut dans le concours des objets environnans. Il n'y faut, ni un repos absolu, ni trop d'agitation, mais un mouvement uniforme & modéré, qui n'ait ni secousses ni intervalles. Sans mouvement, la vie n'est qu'une léthargie. Si le mouvement est inégal, ou trop fort, il réveille; en nous rappellant aux objets environnans, il détruit le charme de la rêverie, & nous arrache d'au-dedans de nous, pour nous remettre à l'instant sous le joug de la fortune & des hommes, & nous rendre au sentiment de nos malheurs. Un silence absolu porte à la tristesse. Il offre une image de la mort. Alors le secours d'une imagination riante est nécessaire, & se présente assez naturellement à ceux que le Ciel en a gratifiés. Le mouvement qui ne vient pas du dehors, se fait alors au-dedans de nous. Le repos est moindre, il est vrai, mais il est aussi plus agréable, quand de légeres & douces idées, sans agiter le fond de l'ame, ne font, pour ainsi dire, qu'en effleurer la surface. Il n'en faut qu'assez pour se souvenir de soi-même, en oubliant tous ses maux. Cette espece de rêverie peut se goûter par-tout où l'on peut être tranquille ; & j'ai souvent pensé qu'à la Bastille, & même dans un cachot, où nul objet n'eût frappé ma vue, j'aurois encore pu rêver agréablement.

Mais il faut avouer que cela se faisoit bien mieux & plus agréablement dans une Isle fertile & solitaire, naturellement circonscrite & séparée du reste du monde, où rien ne m'offroit que des images riantes, où rien ne me rappelloit des souvenirs attristans, où la société du petit nombre d'habitans étoit liante & douce, sans être intéressante au point de m'occuper incessamment, où je pouvois enfin me livrer tout le jour, ſans obſtacle & ſans ſoins, aux occupations de mon goût, ou à la plus molle oiſiveté. L'occaſion, ſans doute, étoit belle pour un rêveur, qui, ſachant ſe nourrir d'agréables chimeres, au milieu des objets les plus déplaiſans, pouvoit s'en raſſaſier à ſon aiſe, en y faiſant concourir tout ce qui frappoit réellement ſes ſens. En ſortant d'une longue & douce rêverie, me voyant entouré de verdure, de fleurs, d'oiſeaux, & laiſſant errer mes yeux au loin ſur les romaneſques rivages qui bordoient une vaſte étendue d'eau claire & criſtalline, j'aſſimilois à mes fictions tous ces aimables objets; & me trouvant enfin ramené par degrés à moi-même & à ce qui m'entouroit, je ne pouvois manquer le point de ſéparation des fictions aux réalités, tant tout concouroit également à me rendre chere la vie recueillie & ſolitaire que je menois dans ce beau ſéjour. Que ne peut-elle renaître encore! Que ne puis-je aller finir mes jours dans cette Iſle chérie, ſans en reſſortir jamais, ni jamais y revoir aucun habitant du continent qui me rappellât le ſouvenir des calamités de toute espece, qu'ils se plaisent à rassembler sur moi depuis tant d'années ! Ils seroient bientôt oubliés pour jamais ; sans doute ils ne m'oublieroient pas de même : mais que m'importeroit, pourvu qu'ils n'eussent aucun accès pour y venir troubler mon repos? Délivré de toutes les passions terrestres qu'engendre le tumulte de la vie sociale, mon ame s'élanceroit fréquemment au-dessus de cette atmosphere, & commerceroit d'avance avec les Intelligences celestes, dont elle espere aller augmenter le nombre dans peu de tems. Les hommes se garderont, je le sais, de me rendre un si doux asyle où ils n'ont pas voulu me laisser. Mais ils ne m'empêcheront pas du moins de m'y transporter chaque jour sur les aîles de l'imagination, & d'y goûter durant quelques heures, le même plaisir que si je l'habitois encore. Ce que j'y ferois de plus doux, seroit d'y rêver à mon aise. En rêvant que j'y suis, ne fais-je pas la même chose? Je fais même plus; à l'attrait d'une réverie abstraite & monotone, je joins des images charmantes qui la vivifient. Leurs objets échappoient souvent à mes ſens dans mes extaſes, & maintenant, plus ma rêverie eſt profonde, plus elle me les peint vivement. Je ſuis ſouvent plus au milieu d'eux, & plus agréablement encore, que quand j'y étois réellement. Le malheur eſt qu'à meſure que l'imagination s'attiédit, cela vient avec plus de peine, & ne dure pas ſi long-tems. Hélas! c'eſt quand on commence à quitter ſa dépouille, qu'on en eſt le plus offuſqué!

SIXIEME PROMENADE.

Nous n'avons gueres de mouvement machinal, dont nous ne puissions trouver la cause dans notre cœur, si nous savions bien l'y chercher.

Hier, en passant sur le nouveau boulevard, pour aller herboriser le long de la Biévre, du côté de Gentilly, je fis le crochet à droite, en approchant de la barriere d'Enfer; & m'écartant dans la campagne, j'allai par la route de Fontainebleau, gagner les hauteurs qui bordent cette petite riviere. Cette marche étoit fort indifferente en elle-même; mais en me rappellant que j'avois fait plusieurs fois machinalement le même détour, j'en recherchai la cause en moi-même, & je ne pus m'empêcher de rire, quand je vins à la démêler.

Dans un coin du boulevard, à la sortie de la barriere d'Enfer, s'établit journellement, en été, une femme qui vend du fruit, de la tisanne, & des petits pains. Cette femme a un petit garçon fort gentil, mais boîteux, qui, clopinant avec ses béquilles, s'en va d'assez d'aſſez bonne grace, demandant l'aumône aux paſſans. J'avois fait une eſpece de connoiſſance avec ce petit bon homme; il ne manquoit pas, chaque fois que je paſſois, de venir me faire ſon petit compliment, toujours ſuivi de ma petite offrande. Les premieres fois, je fus charmé de le voir, je lui donnois de très-bon cœur, & je continuai quelque tems de le faire avec le même plaiſir, y joignant même le plus ſouvent celui d'exciter & d'écouter ſon petit babil, que je trouvois agréable. Ce plaiſir, devenu par degrés habitude, ſe trouva, je ne ſais comment, transformé dans une eſpece de devoir, dont je ſentis bientôt la gêne, ſur-tout à cauſe de la harangue préliminaire qu'il falloit écouter, & dans laquelle il ne manquoit jamais de m'appeller ſouvent M. *Rouſſeau*, pour montrer qu'il me connoiſſoit bien, ce qui m'apprenoit aſſez aucontraire qu'il ne me connoiſſoit pas plus que ceux qui l'avoient inſtruit. Dès-lors je paſſois par-là moins volontiers, & enfin je pris machinalement l'habitude de faire le plus ſouvent un détour, quand j'approchois de cette traverſe.

Voilà ce que je découvris en y réfléchissant; car rien de tout çela ne s'étoit offert jusqu'alors distinctement à ma pensée. Cette observation m'en a rappellé successivement des multitudes d'autres, qui m'ont bien confirmé que les vrais & premiers motifs de la plupart de mes actions ne me sont pas aussi clairs à moi-même que je me l'étois long-tems figuré. Je sais & je sens que faire du bien est le vrai bonheur que le cœur humain puisse goûter; mais il y a long-tems que ce bonheur a été mis hors de ma portée, & ce n'est pas dans un aussi misérable sort que le mien qu'on peut espérer de placer avec choix & avec fruit une seule action réellement bonne. Le plus grand soin de ceux qui réglent ma destinée ayant été que tout ne fût pour moi que fausse & trompeuse apparence, un motif de vertu n'est jamais qu'une leurre qu'on me présente, pour m'attirer dans le piege où l'on veut m'enlacer. Je sais cela; je sais que le seul bien qui soit désormais en ma puissance, est de m'abstenir d'agir, de peur de mal faire, sans le vouloir & sans le savoir.

Mais il fut des tems plus heureux.

où, ſuivant les mouvemens de mon cœur, je pouvois quelquefois rendre un autre cœur content; & je me dois l'honorable témoignage que, chaque fois que j'ai pu goûter ce plaiſir, je l'ai trouvé plus doux qu'aucun autre. Ce penchant fut vif, vrai, pur, & rien dans mon plus ſecret intérieur ne l'a jamais démenti. Cependant, j'ai ſenti ſouvent le poids de mes propres bienfaits, par la chaîne des devoirs qu'ils entraînoient à leur ſuite: alors le plaiſir a diſparu, & je n'ai plus trouvé dans la continuation des mêmes ſoins qui m'avoient d'abord charmé, qu'une gêne preſque inſupportable. Durant mes courtes proſpérités, beaucoup de gens recouroient à moi, & jamais, dans tous les ſervices que je pus leur rendre, aucun d'eux ne fut éconduit. Mais de ces premiers bienfaits verſés avec effuſion de cœur, naiſſoient des chaînes d'engagemens ſucceſſifs que je n'avois pas prévus, & dont je ne pouvois plus ſecouer le joug. Mes premiers ſervices n'étoient, aux yeux de ceux qui les recevoient, que les arrhes de ceux qui les devoient ſuivre; & dès que quelque infortuné avoit jetté ſur moi le grappin d'un bienfait reçu, c'en étoit fait désormais; & ce premier bienfait libre & volontaire devenoit un droit indéfini à tous ceux dont il pouvoit avoir besoin dans la suite, sans que l'impuissance même suffît pour m'en affranchir. Voilà comment des jouissances très-douces se transformoient pour moi dans la suite en d'onéreux assujettissemens.

Ces chaînes cependant ne me parurent pas très-pesantes, tant qu'ignoré du public, je vécus dans l'obscurité. Mais, quand une fois ma personne fut affichée par mes écrits, faute grave, sans doute, mais plus qu'expiée par mes malheurs; dès-lors je devins le bureau géneral d'adresse de tous les souffreteux, ou soi-disans tels, de tous les avanturiers qui cherchoient des dupes, de tous ceux qui, sous prétexte du grand crédit qu'ils feignoient de m'attribuer, vouloient s'emparer de moi, de maniere ou d'autre. C'est alors que j'eus lieu de connoître que tous les penchans de la nature, sans excepter la bienfaisance elle-même, portés ou suivis dans la société sans prudence & sans choix, changent de nature, & deviennent souvent aussi nuisibles qu'ils étoient utiles dans leur premiere direction. Tant de cruelles expériences changerent peu-à-peu mes premieres dispositions, ou plutôt, les renfermant enfin dans leurs véritables bornes, elles m'apprirent à suivre moins aveuglément mon penchant à bien faire, lorsqu'il ne servoit qu'à favoriser la méchanceté d'autrui.

Mais je n'ai point regret à ces mêmes expériences, puisqu'elles m'ont procuré, par la réflexion, de nouvelles lumieres sur la connoissance de moi-même, & sur les vrais motifs de ma conduite en mille circonstances sur lesquelles je me suis si souvent fait illusion. J'ai vu que, pour bien faire avec plaisir, il falloit que j'agisse librement, sans contrainte, & que, pour m'ôter toute la douceur d'une bonne œuvre, il suffisoit qu'elle devînt un devoir pour moi. Dès-lors le poids de l'obligation me fait un fardeau des plus douces jouissances, &, comme je l'ai dit dans l'Emile, à ce que je crois, j'eusse été chez les Turcs un mauvais mari, à l'heure où le cri public les appelle à remplir les devoirs de leur état.

Voilà ce qui modifie beaucoup l'opinion que j'eus long-tems de ma propre vertu ; car il n'y en a point à ſuivre ſes penchans, & à ſe donner, quand ils nous y portent, le plaiſir de bien faire : mais elle conſiſte à les vaincre, quand le devoir le commande, pour faire ce qu'il nous preſcrit ; & voilà ce que j'ai ſu moins faire qu'homme du monde. Né ſenſible & bon, portant la pitié juſqu'à la foibleſſe, & me ſentant exalter l'ame par tout ce qui tient à la générolité, je fus humain, bienfaiſant, ſecourable par goût, par paſſion même, tant qu'on n'intéreſſa que mon cœur ; j'euſſe été le meilleur & le plus clément des hommes, ſi j'en avois été le plus puiſſant, & pour éteindre en moi tout deſir de vengeance, il m'eût ſuffi de pouvoir me venger. J'aurois même été juſte ſans peine contre mon propre intérêt ; mais contre celui des perſonnes qui m'étoient cheres, je n'aurois pu me réſoudre à l'être. Dès que mon devoir & mon cœur étoient en contradiction, le premier eût rarement la victoire, à moins qu'il ne fallût ſeulement que m'abſtenir ; alors j'étois fort le plus ſouvent ; mais agir contre mon penchant me fut toujours impoſſible. Que ce ſoit les hommes, le devoir, ou même la néceſſité qui commande, quand mon cœur ſe tait, ma volonté reſte ſourde, & je ne ſaurois obéir. Je vois le mal qui me menace, & je le laiſſe arriver, plutôt que de m'agiter pour le prévenir. Je commence quelquefois avec effort, mais cet effort me laſſe & m'épuiſe bien vîte; je ne ſaurois continuer. En toute choſe imaginable, ce que je ne fais pas avec plaiſir, m'eſt bientôt impoſſible à faire.

Il y a plus. La contrainte, d'accord avec mon deſir, ſuffit pour l'anéantir & le changer en répugnance, en averſion même, pour peu qu'elle agiſſe trop fortement; & voilà ce qui me rend pénible la bonne œuvre qu'on exige & que je faiſois de moi-même, lorſqu'on ne l'exigeoit pas. Un bienfait purement gratuit eſt certainement une œuvre que j'aime à faire. Mais quand celui qui qui l'a recu s'en fait un titre pour en exiger la continuation, ſous peine de ſa haine, quand il me fait une loi d'être à jamais ſon bienfaiteur, pour avoir d'abord pris plaiſir à l'être, dès-lors la gêne commence, & le plaiſir s'évanouit. Ce que je fais alors quand je cede, eſt foibleſſe & mauvaiſe honte, mais la bonne volonté n'y eſt plus, & loin que je m'en applaudiſſe en moi-même, je me reproche en ma conſcience de bien faire à contre-cœur.

Je ſais qu'il y a une eſpece de contrat, & même le plus ſaint de tous, entre le bienfaiteur & l'obligé. C'eſt une ſorte de ſociété qu'ils forment l'un avec l'autre, plus étroite que celle qui unit les hommes en général, & ſi l'obligé s'engage tacitement à la reconnoiſſance, le bienfaiteur s'engage de même à conſerver à l'autre, tant qu'il ne s'en rendra pas indigne, la même bonne volonté qu'il vient de lui témoigner, & à lui en renouveller les actes, toutes les fois qu'il le pourra & qu'il en ſera requis. Ce ne ſont pas là des conditions expreſſes, ce ſont des effets naturels de la relation qui vient de s'établir entr'eux. Celui qui la premiere fois refuſe un ſervice gratuit qu'on lui demande, ne donne aucun droit de ſe plaindre à celui qu'il a refuſé; mais celui qui, dans un cas ſemblable, refuſe au même la grace qu'il lui accorda ci-devant, fruſtre une eſpérance qu'il l'a autoriſé à concevoir; il trompe & dément une attente qu'il a fait naître. On ſent dans ce refus je ne ſais quoi d'injuſte & de plus dur que dans l'autre, mais il n'en eſt pas moins l'effet d'une indépendance que le cœur aime, & à laquelle il ne renonce pas ſans effort. Quand je paye une dette, c'eſt un devoir que je remplis; quand je fais un don, c'eſt un plaiſir que je me donne. Or, le plaiſir de remplir ſes devoirs, eſt de ceux que la ſeule habitude de la vertu fait naître: ceux qui nous viennent immédiatement de la nature, ne s'élevent pas ſi haut que cela.

Après tant de triſtes expériences, j'ai appris à prévoir de loin les conſéquences de mes premiers mouvemens ſuivis, & je me ſuis ſouvent abſtenu d'une bonne œuvre que j'avois le deſir & le pouvoir de faire, effrayé de l'aſſujettiſſement auquel dans la ſuite je m'allois ſoumettre, ſi je m'y livrois inconſidérément. Je n'ai pas toujours ſenti cette crainte, au contraire, dans ma jeuneſſe, je m'attachois par mes propres bienfaits, & j'ai ſouvent éprouvé de même, que ceux que j'obligeois s'affectionnoient à moi par reconnoiſſance, encore plus que par intérêt. Mais les choſes ont bien changé de face, à cet égard comme à tout autre, auſſi-tôt que mes malheurs ont commencé. J'ai vécu dès-lors dans une génération nouvelle, qui ne ressembloit point à la premiere, & mes propres sentimens pour les autres ont souffert des changemens que j'ai trouvé dans les leurs. Les mêmes gens que j'ai vu successivement dans ces deux générations si différentes, se sont, pour ainsi dire, assimilés successivement à l'une & à l'autre. De vrais & de francs qu'ils étoient d'abord, devenus ce qu'ils sont, ils ont fait comme tous les autres ; & par cela seul que les tems sont changés, les hommes ont changé comme eux. Eh ! comment pourrois-je garder les mêmes sentimens pour ceux en qui je trouve le contraire de ce qui les fit naître ! Je ne les hais point, parce que je ne saurois haïr ; mais je ne puis me défendre du mépris qu'ils méritent, ni m'abstenir de le leur témoigner.

Peut-être, sans m'en appercevoir, ai-je changé moi-même plus qu'il n'auroit fallu. Quel naturel résisteroit sans s'altérer, à une situation pareille à la mienne ? Convaincu par vingt ans d'expérience que tout ce que la nature a mis d'heureuses dispositions dans mon cœur, eſt tourné par ma deſtinée & par ceux qui en diſpoſent, au préjudice de moi-même ou d'autrui, je ne puis plus regarder une bonne œuvre qu'on me préſente à faire que comme un piége qu'on me tend, & ſous lequel eſt caché quelque mal. Je ſais que quel que ſoit l'effet de l'œuvre, je n'en aurai pas moins le mérite de ma bonne intention. Oui, ce mérite y eſt toujours ſans doute, mais le charme intérieur n'y eſt plus, & ſitôt que ce ſtimulant me manque, je ne ſens qu'indifférence & glace au-dedans de moi; & ſûr qu'au lieu de faire une action vraiment utile, je ne fais qu'un acte de dupe, l'indignation de l'amour-propre jointe au déſaveu de la raiſon, ne m'inſpire que répugnance & réſiſtance, où j'euſſe été plein d'ardeur & de zele dans mon état naturel.

Il eſt des ſortes d'adverſités qui élevent & renforcent l'ame, mais il en eſt qui l'abattent & la tuent; telle eſt celle dont je ſuis la proie. Pour peu qu'il y eût eu quelque mauvais levain dans la mienne, elle l'eût fait fermenter à l'excès, elle m'eût rendu frénétiques; mais elle ne m'a rendu que nul.

Hors d'état de bien faire & pour moi-même & pour autrui, je m'abſtiens d'agir ; & cet état qui n'eſt innocent que par ce qu'il eſt forcé, me fait trouver une ſorte de douceur à me livrer pleinement ſans reproche à mon penchant naturel. Je vais trop loin ſans doute, puiſque j'évite les occaſions d'agir, même où je ne vois que du bien à faire. Mais certain qu'on ne me laiſſe pas voir les choſes comme elles ſont, je m'abſtiens de juger ſur les apparences qu'on leur donne ; & de quelque leurre qu'on couvre les motifs d'agir, il ſuffit que ces motifs ſoient laiſſés à ma portée pour que je ſois ſûr qu'ils ſont trompeurs.

Ma deſtinée ſemble avoir tendu dès mon enfance, le premier piége qui m'a rendu long-tems ſi facile à tomber dans tous les autres. Je ſuis né le plus confiant des hommes, & durant quarante ans entiers, jamais cette confiance ne fut trompée une ſeule fois. Tombé tout d'un coup dans un autre ordre de gens & de choſes, j'ai donné dans mille embûches ſans jamais en appercevoir aucune, & vingt ans d'expérience ont à peine ſuffi pour m'éclairer ſur mon ſort. Une fois convaincu qu'il n'y a que menſonge & fauſſeté dans les démonſtrations grimacieres qu'on me prodigue, j'ai paſſé rapidement à l'autre extrémité : car quand on eſt une fois ſorti de ſon naturel, il n'y a plus de bornes qui nous retiennent. Dès-lors je me ſuis dégoûté des hommes, & ma volonté concourant avec la leur à cet égard, me tient encore plus éloigné d'eux que ne font toutes leurs machines.

Ils ont beau faire, cette répugnance ne peut jamais aller juſqu'à l'averſion. En penſant à la dépendance où ils ſe ſont mis de moi pour me tenir dans la leur, ils me font une pitié réelle. Si je ne ſuis malheureux, ils le ſont eux-mêmes ; & chaque fois que je rentre en moi, je les trouve toujours à plaindre. L'orgueil peut-être ſe mêle encore à ces jugemens, je me ſens trop au-deſſus d'eux pour les haïr. Ils peuvent m'intéreſſer tout au plus juſqu'au mépris, mais jamais juſqu'à la haine ; enfin je m'aime trop moi-même, pour pouvoir haïr qui que ce ſoit ; ce ſeroit reſſerrer, comprimer mon exiſtence,

& je voudrois plutôt l'étendre ſur tout l'univers.

J'aime mieux les fuir que les haïr. Leur aſpect frappe mes ſens, & par eux, mon cœur, d'impreſſions que mille regards cruels me rendent pénibles ; mais le mal-aiſe ceſſe auſſi-tôt que l'objet qui le cauſe a diſparu. Je m'occupe d'eux, & bien malgré moi, par leur préſence, mais jamais par leur ſouvenir. Quand je ne les vois plus, ils ſont pour moi comme s'ils n'exiſtoient point.

Ils ne me ſont même indifférens qu'en ce qui ſe rapporte à moi ; car dans leurs rapports entr'eux, ils peuvent encore m'intéreſſer & m'émouvoir comme les perſonnages d'un drame que je verrois repréſenter. Il faudroit que mon être moral fût anéanti pour que la juſtice me devînt indifférente. Le ſpectacle de l'injuſtice & de la méchanceté me fait encore bouillir le ſang de colere ; les actes de vertu où je ne vois ni forfanterie ni oſtentation me font toujours treſſaillir de joie, & m'arrachent encore de douces larmes. Mais il faut que je les voye & les apprécie moi-même ; car après ma propre histoire, il faudroit que je fusse insensé pour adopter, sur quoi que ce fût, le jugement des hommes, & pour croire aucune chose sur la foi d'autrui.

Si ma figure & mes traits étoient aussi parfaitement inconnus aux hommes que le sont mon caractere & mon naturel, je vivrois encore sans peine au milieu d'eux. Leur société même pourroit me plaire tant que je leur serois parfaitement étranger. Livré sans contrainte à mes inclinations naturelles, je les aimerois encore s'ils ne s'occupoient jamais de moi. J'exercerois sur eux une bienveillance universelle & parfaitement désintéressée ; mais sans former jamais d'attachement particulier, & sans porter le joug d'aucun devoir, je ferois envers eux librement & de moi-même, tout ce qu'ils ont tant de peine à faire incités par leur amour-propre, & contraints par toutes leurs loix.

Si j'étois resté libre, obscur, isolé, comme j'étois fait pour l'être, je n'aurois fait que du bien ; car je n'ai dans le cœur le germe d'aucune passion nuisible. Si j'eusse été invisible & tout-puiſſant comme Dieu, j'aurois été bienfaiſant & bon comme lui. C'eſt la force & la liberté qui font les excellens hommes. La foibleſſe & l'eſclavage n'ont jamais fait que des méchans. Si j'euſſe été poſſeſſeur de l'anneau de Gygès, il m'eût tiré de la dépendance des hommes & les eût mis dans la mienne. Je me ſuis ſouvent demandé dans mes châteaux en Eſpagne, quel uſage j'aurois fait de cet anneau; car c'eſt bien là que la tentation d'abuſer doit être près du pouvoir. Maître de contenter mes deſirs, pouvant tout, ſans pouvoir être trompé par perſonne, qu'aurois-je pu deſirer avec quelque ſuite? Une ſeule choſe: c'eût été de voir tous les cœurs contens. L'aſpect de la félicité publique eût pu ſeul toucher mon cœur d'un ſentiment permanent; & l'ardent deſir d'y concourir eût été ma plus conſtante paſſion. Toujours juſte ſans partialité, & toujours bon ſans foibleſſe, je me ſerois également garanti des méfiances aveugles & des haines implacables, parce que voyant les hommes tels qu'ils ſont, & liſant aiſément au fond de leurs cœurs, j'en aurois peu trouvé d'aſſez aimables pour mériter toutes mes affections, peu d'assez odieux pour mériter toute ma haine, & que leur méchanceté même m'eût disposé à les plaindre, par la connoissance certaine du mal qu'ils se font à eux-mêmes, en voulant en faire à autrui. Peut-être aurois-je eu dans des momens de gaîté l'enfantillage d'opérer quelquefois des prodiges; mais parfaitement désintéressé pour moi-même, & n'ayant pour loi que mes inclinations naturelles, sur quelques actes de justice severe, j'en aurois fait mille de clémence & d'équité. Ministre de la Providence & dispensateur de ses loix, selon mon pouvoir, j'aurois fait des miracles plus sages & plus utiles que ceux de la légende dorée, & du tombeau de S. Médard.

Il n'y a qu'un seul point sur lequel la faculté de pénétrer par-tout invisible m'eût pu faire chercher des tentations auxquelles j'aurois mal résisté, & une fois entré dans ces voies d'égarement où n'eussai-je point été conduit par elles? Ce seroit bien mal connoître la nature & moi-même que de me flatter que ces facilités ne m'auroient point séduit, ou que la raison m'auroit arrêté dans cette fatale pente. Sûr de moi sur tout autre article, j'étois perdu par celui-là seul. Celui que sa puissance met au-dessus de l'homme, doit être au-dessus des foiblesses de l'humanité, sans quoi, cet excès de force ne servira qu'à le mettre en effet au-dessous des autres, & de ce qu'il eût été lui-même s'il fût resté leur égal.

Tout bien considéré, je crois que je ferai mieux de jetter mon anneau magique avant qu'il m'ait fait faire quelque sottise. Si les hommes s'obstinent à me voir tout autre que je ne suis & que mon aspect irrite leur injustice, pour leur ôter cette vue il faut les fuir, mais non pas m'éclipser au milieu d'eux. C'est à eux de se cacher devant moi, de me dérober leurs manœuvres, de fuir la lumiere du jour, de s'enfoncer en terre comme des taupes. Pour moi qu'ils me voyent s'ils peuvent, tant mieux, mais cela leur est impossible; ils ne verront jamais à ma place que le J. J. qu'ils se sont fait & qu'ils ont fait selon leur cœur, pour le haïr à leur aise. J'aurois donc tort de m'affecter de la façon dont ils me voyent:

je n'y dois prendre aucun intérêt véritable, car ce n'est pas moi qu'ils voyent ainsi.

Le résultat que je puis tirer de toutes ces réflexions est, que je n'ai jamais été vraiment propre à la société civile où tout est gêne, obligation, devoir, & que mon naturel indépendant me rendit toujours incapable des assujettissemens nécessaires à qui veut vivre avec les hommes. Tant que j'agis librement, je suis bon, & je ne fais que du bien ; mais sitôt que je sens le joug, soit de la nécessité, soit des hommes, je deviens rebelle ou plutôt rétif ; alors je suis nul. Lorsqu'il faut faire le contraire de ma volonté, je ne le fais point, quoi qu'il arrive ; je ne fais pas non plus ma volonté même, parce que je suis foible. Je m'abstiens d'agir ; car toute ma foiblesse est pour l'action, toute ma force est négative, & tousmes péchés sont d'omission, rarement de commission. Je n'ai jamais cru que la liberté de l'homme consistât à faire ce qu'il veut, mais bien à ne jamais faire ce qu'il ne veut pas, & voilà celle que j'ai toujours réclamée, souvent conservée, & par qui j'ai été le plus en scandale à mes contemporains. Car pour eux, actifs, remuans, ambitieux, détestant la liberté dans les autres, & n'en voulant point pour eux mêmes, pourvu qu'ils fassent quelquefois leur volonté, ou plutôt qu'ils dominent celle d'autrui, ils se gênent toute leur vie à faire ce qui leur répugne, & n'omettent rien de servile pour commander. Leur tort n'a donc pas été de m'écarter de la société comme un membre inutile, mais de m'en proscrire comme un membre pernicieux; car j'ai très-peu fait de bien, je l'avoue; mais pour du mal, il n'en est entré dans ma volonté de ma vie, & je doute qu'il y ait aucun homme au monde qui en ait réellement moins fait que moi.

SEPTIEME PROMENADE.

LE recueil de mes longs rêves eſt à peine commencé, & déja je ſens qu'il touche à ſa fin. Un autre amuſement lui ſuccede, m'abſorbe, & m'ôte méme le tems de rêver. Je m'y livre avec un engouement qui tient de l'extravagance & qui me fait rire moi-méme quand j'y réfléchis; mais je ne m'y livre pas moins, parce que dans la ſituation où me voilà, je n'ai plus d'autre regle de conduite que de ſuivre en tout mon penchant ſans contrainte. Je ne peux rien à mon ſort, je n'ai que des inclinations innocentes, & tous les jugemens des hommes étant déſormais nuls pour moi, la ſageſſe même veut qu'en ce qui reſte à ma portée je faſſe tout ce qui me flatte, ſoit en public, ſoit à part moi, ſans autre regle que ma fantaiſie, & ſans autre meſure que le peu de force qui m'eſt reſté. Me voilà donc à mon foin pour toute nourriture, & à la botanique pour toute occupation. Déja vieux, j'en avois pris la premiere teinture en Suiſſe auprès du Docteur d'*Ivernois*, & j'avois herboriſé aſſez heureuſement durant mes voyages, pour prendre une connoiſſance paſſable du regne végétal. Mais devenu plus que ſexagénaire & ſédentaire à Paris, les forces commençant à me manquer pour les grandes herboriſations, & d'ailleurs aſſez livré à ma copie de muſique, pour n'avoir pas beſoin d'autre occupation, j'avois abandonné cet amuſement qui ne m'étoit plus néceſſaire; j'avois rendu mon herbier, j'avois vendu mes livres, content de revoir quelquefois les plantes communes que je trouvois autour de Paris dans mes promenades. Durant cet intervalle, le peu que je ſavois s'eſt preſque entierement effacé de ma mémoire, & bien plus rapidement qu'il ne s'y étoit gravé.

Tout d'un coup, âgé de ſoixante-cinq ans paſſés, privé du peu de mémoire que j'avois, & des forces qui me reſtoient pour courir la campagne, ſans guide, ſans livres, ſans jardin, ſans herbier, me voilà repris de cette folie, mais avec plus d'ardeur encore que je n'en eus en m'y livrant la premiere fois; me voilà férieufement occupé du fage projet d'apprendre par cœur tout le *regnum vegetabile* de Murray, & de connoître toutes les plantes connues fur la terre. Hors d'état de racheter des livres de Botanique, je me fuis mis en devoir de tranfcrire ceux qu'on m'a prêtés; & réfolu de refaire un herbier plus riche que le premier, en attendant que j'y mette toutes les plantes de la mer & des Alpes, & de tous les arbres des Indes, je commence toujours à bon compte par le mouron, le cerfeuil, la bourache & le feneçon; j'herborife favamment fur la cage de mes oifeaux, & à chaque nouveau brin d'herbe que je rencontre, je me dis avec fatisfaction voilà toujours une plante de plus.

Je ne cherche pas à juftifier le parti que je prends de fuivre cette fantaifie; je la trouve très-raifonnable, perfuadé que dans la pofition où je fuis, me livrer aux amufemens qui me flattent, eft une grande fageffe, & même une grande vertu : c'eft le moyen de ne laiffer germer dans mon cœur aucun levain de vengeance ou de haine, & pour trouver encore dans ma deftinée du goût à quelque amusement, il faut assurément avoir un naturel bien épuré de toutes passions irascibles. C'est me venger de mes persécuteurs à ma maniere, je ne saurois les punir plus cruellement que d'être heureux malgré eux.

Oui, sans doute, la raison me permet, me prescrit même de me livrer à tout penchant qui m'attire, & que rien ne m'empêche de suivre; mais elle ne m'apprend pas pourquoi ce penchant m'attire, & quel attrait je puis trouver à une vaine étude, faite sans profit, sans progrès, & qui, vieux, radoteur, déja caduque & pesant, sans facilité, sans mémoire, me ramene aux exercices de la jeunesse & aux leçons d'un écolier. Or c'est une bisarrerie que je voudrois m'expliquer; il me semble que, bien éclaircie, elle pourroit jetter quelque nouveau jour sur cette connoissance de moi même, à l'acquisition de laquelle j'ai consacré mes derniers loisirs.

J'ai pensé quelquefois assez profondément; mais rarement avec plaisir, presque toujours contre mon gré & comme par force: la rêverie me délasse &

& m'amuſe, la réflexion me fatigue & m'attriſte; penſer fut toujours pour moi une occupation pénible & ſans charme. Quelquefois mes rêveries finiſſent par la méditation, mais plus ſouvent mes méditations finiſſent par la rêverie ; & durant ces égaremens, mon ame erre & plane dans l'univers ſur les ailes de l'imagination, dans des extaſes qui paſſent toute autre jouiſſance.

Tant que je goûtai celle-là dans toute ſa pureté, toute autre occupation me fut toujours inſipide. Mais quand une fois, jetté dans la carriere littéraire par des impulſions étrangeres, je ſentis la fatigue du travail d'eſprit, & l'importunité d'une célébrité malheureuſe, je ſentis en même-tems languir & s'attiédir mes douces rêveries; & bientôt forcé de m'occuper malgré moi de ma triſte ſituation, je ne pus plus retrouver que bien rarement ces cheres extaſes, qui durant cinquante ans m'avoient tenu lieu de fortune & de gloire, & ſans autre dépenſe que celle du tems, m'avoient rendu dans l'oiſiveté le plus heureux des mortels.

J'avois même à craindre dans mes

rêveries, que mon imagination effarouchée par mes malheurs, ne tournât enfin de ce côté son activité, & que le continuel sentiment de mes peines me resserrant le cœur par degrés, ne m'accablât enfin de leur poids. Dans cet état, un instinct qui m'est naturel, me faisant fuir toute idée attristante, imposa silence à mon imagination, & fixant mon attention sur les objets qui m'environnoient, me fit pour la premiere fois détailler le spectacle de la nature, que je n'avois guères contemplé jusqu'alors qu'en masse, & dans son ensemble.

Les arbres, les arbrisseaux, les plantes, sont la parure & le vêtement de la terre. Rien n'est si triste que l'aspect d'une campagne nue & pelée, qui n'étale aux yeux que des pierres, du limon, & des sables. Mais vivifiée par la nature & revêtue de sa robe de noces, au milieu du cours des eaux & du chant des oiseaux, la terre offre à l'homme, dans l'harmonie des trois regnes, un spectacle plein de vie, d'intérêt & de charmes, le seul spectacle au monde dont ses yeux & son cœur ne se lassent jamais.

Plus un contemplateur a l'ame ſenſible, plus il ſe livre aux extaſes qu'excite en lui cet accord. Une rêverie douce & profonde s'empare alors de ſes ſens, & il ſe perd avec une délicieuſe ivreſſe dans l'immenſité de ce beau ſyſtéme, avec lequel il ſe ſent identifié. Alors tous les objets particuliers lui échappent ; il ne voit & ne ſent rien que dans le tout. Il faut que quelque circonſtance particuliere reſſerre ſes idées & circonſcrive ſon imagination pour qu'il puiſſe obſerver par partie cet univers qu'il s'efforçoit d'embraſſer.

C'eſt ce qui m'arriva naturellement, quand mon cœur reſſerré par la détreſſe, rapprochoit & concentroit tous ſes mouvemens autour de lui pour conſerver ce reſte de chaleur prêt à s'évaporer & s'éteindre dans l'abattement où je tombois par degrés. J'errois nonchalamment dans les bois & dans les montagnes, n'oſant penſer de peur d'attiſer mes douleurs. Mon imagination qui ſe refuſe aux objets de peine, laiſſoit mes ſens ſe livrer aux impreſſions légeres mais douces des objets environnans. Mes yeux ſe promenoient ſans ceſſe de l'un à l'autre, & il n'étoit pas possible que dans une variété si grande, il ne s'en trouvât qui les fixoient davantage, & les arrêtoient plus longtems.

Je pris goût à cette récréation des yeux qui, dans l'infortune, repose, amuse, distraît l'esprit & suspend le sentiment des peines. La nature des objets aide beaucoup à cette diversion & la rend plus séduisante. Les odeurs suaves, les vives couleurs, les plus élégantes formes semblent se disputer à l'envi le droit de fixer notre attention. Il ne faut qu'aimer le plaisir pour se livrer à des sensations si douces ; & si cet effet n'a pas lieu sur tous ceux qui en sont frappés, c'est dans les uns faute de sensibilité naturelle, & dans la plupart, que leur esprit trop occupé d'autres idées ne se livre qu'à la dérobée aux objets qui frappent leurs sens.

Une autre chose contribue encore à éloigner du regne végétal l'attention des gens de goût ; c'est l'habitude de ne chercher dans les plantes que des drogues & des remedes. *Théophraste* s'y étoit pris autrement, & l'on peut regarder ce philosophe comme le seul Botaniste de l'antiquité : aussi n'est-il presque point connu parmi nous; mais grace à un certain Dioscoride, grand compilateur de recettes, & à ses commentateurs, la médecine s'est tellement emparée des plantes transformées en simples, qu'on n'y voit que ce qu'on n'y voit point; savoir, les prétendues vertus qu'il plaît au tiers & au quart de leur attribuer. On ne conçoit pas que l'organisation végétale puisse par elle-même mériter quelque attention; des gens qui passent leur vie à arranger savamment des coquilles, se moquent de la botanique comme d'une étude inutile, quand on n'y joint pas, comme ils disent, celle des propriétés; c'est-à-dire, quand on n'abandonne pas l'observation de la nature, qui ne ment point, & qui ne nous dit rien de tout cela, pour se livrer uniquement à l'autorité des hommes, qui sont menteurs, & qui nous affirment beaucoup de choses qu'il faut croire sur leur parole, fondée elle-même le plus souvent sur l'autorité d'autrui. Arrêtez-vous dans une prairie émaillée, à examiner successivement les fleurs dont elle brille; ceux qui vous verront faire, vous prenant pour un Frater, vous demanderont des herbes pour guérir la rogne des enfans, la galle des hommes, ou la morve des chevaux.

Ce dégoûtant préjugé est détruit en partie dans les autres pays, & sur-tout en Angleterre, grace à Linnæus qui a un peu tiré la botanique des écoles de pharmacie, pour la rendre à l'histoire naturelle & aux usages économiques; mais en France où cette étude a moins pénétré chez les gens du monde, on est resté sur ce point tellement barbare, qu'un bel esprit de Paris voyant à Londres un jardin de curieux plein d'arbres & de plantes rares, s'écria pour tout éloge : *voilà un fort beau jardin d'Apothicaire!* A ce compte le premier Apothicaire fut Adam. Car il n'est pas aisé d'imaginer un jardin mieux assorti de plantes que celui d'Eden.

Ces idées médicinales ne sont assurément guères propres à rendre agréable l'étude de la botanique; elles flétrissent l'émail des prés, l'éclat des fleurs, dessechent la fraîcheur des bocages, rendent la verdure & les ombrages insipides & dégoûtans; toutes ces structures charmantes & gracieuses intéressent fort peu quiconque ne veut que piler tout cela dans un mortier, & l'on n'ira pas chercher des guirlandes pour les Bergeres, parmi des herbes pour les lavemens.

Toute cette pharmacie ne souilloit point mes images champêtres, rien n'en étoit plus éloigné que des tisannes & des emplâtres. J'ai souvent pensé en regardant de près les champs, les vergers, les bois & leurs nombreux habitans, que le regne végétal étoit un magasin d'alimens donnés par la nature à l'homme & aux animaux. Mais jamais il ne m'est venu à l'esprit d'y chercher des drogues & des remedes. Je ne vois rien dans ces diverses productions qui m'indique un pareil usage, & elle nous auroit montré le choix, si elle nous l'avoit prescrit, comme elle a fait pour les comestibles. Je sens même que le plaisir que je prends à parcourir les bocages seroit empoisonné par le sentiment des infirmités humaines, s'il me laissoit penser à la fievre, à la pierre, à la goutte, & au mal caduc. Du reste je ne disputerai point aux végétaux les grandes vertus qu'on leur attribue; je dirai seulement qu'en supposant ces vertus réelles, c'est malice pure aux malades de continuer à l'être; car de tant de maladies que les hommes se donnent, il n'y en a pas une seule dont vingt sortes d'herbes ne guérissent radicalement.

Ces tournures d'esprit qui rapportent toujours tout à notre intérêt matériel, qui font chercher par-tout du profit ou des remedes, & qui feroient regarder avec indifférence toute la nature, si l'on se portoit toujours bien, n'ont jamais été les miennes. Je me sens là-dessus tout à rebours des autres hommes: tout ce qui tient au sentiment de mes besoins attriste & gâte mes pensées, & jamais je n'ai trouvé de vrais charmes aux plaisirs de l'esprit, qu'en perdant tout-à-fait de vue l'intérêt de mon corps. Ainsi quand même je croirois à la médecine, & quand même ses remedes seroient agréables, je ne trouverois jamais à m'en occuper; ces délices que donne une contemplation pure & désintéressée, & mon ame ne sauroit s'exalter & planer sur la nature, tant que je la sens tenir aux liens de mon corps. D'ailleurs, sans avoir eu jamais grande confiance à la médecine, j'en ai eu beaucoup à des Médecins que j'estimois, que j'aimois, & à qui je laissois gouverner ma carcasse avec pleine autorité. Quinze ans d'expérience m'ont instruit à mes dépens; rentré maintenant sous les seules loix de la nature, j'ai repris par elles ma premiere santé. Quand les Médecins n'auroient point contre moi d'autres griefs, qui pourroit s'étonner de leur haine? Je suis la preuve vivante de la vanité de leur art, & de l'inutilité de leurs soins.

Non, rien de personnel, rien qui tienne à l'intérêt de mon corps ne peut occuper vraiment mon ame. Je ne médite, je ne rêve jamais plus délicieusement que quand je m'oublie moi-même. Je sens des extases, des ravissemens inexprimables, à me fondre pour ainsi dire dans le systême des êtres, à m'identifier avec la nature entiere. Tant que les hommes furent mes freres, je me faisois des projets de félicité terrestre; ces projets étant toujours relatifs au tout, je ne pouvois être heureux que de la félicité publique, & jamais l'idée d'un bonheur particulier n'a touché mon cœur, que quand j'ai vu mes freres ne chercher le leur que dans ma misere. Alors pour ne les pas haïr il a bien fallu les fuir ; alors me refugiant chez la mere commune, j'ai cherché dans ses bras à me soustraire aux atteintes de ses enfans, je suis devenu solitaire, ou, comme ils disent, insociable & misantrope, parce que la plus sauvage solitude me paroît préférable à la société des méchans, qui ne se nourrit que de trahisons & de haine.

Forcé de m'abstenir de penser, de peur de penser à mes malheurs malgré moi ; forcé de contenir les restes d'une imagination riante, mais languissante, que tant d'angoisses pourroient effaroucher à la fin ; forcé de tâcher d'oublier les hommes, qui m'accablent d'ignominie & d'outrages, de peur que l'indignation ne m'aigrît enfin contre eux ; je ne puis cependant me concentrer tout entier en moi-même, parce que mon ame expansive cherche malgré que j'en aye à étendre ses sentimens & son existence sur d'autres êtres, & je ne puis plus, comme autrefois, me jetter tête baissée dans ce vaste océan de la nature, parce que mes facultés affoiblies & relâchées ne trouvent plus d'objets assez déterminés, assez fixes, assez à ma portée pour s'y attacher fortement, & que je ne me ſens plus aſſez de vigueur pour nager dans le cahos de mes anciennes extaſes. Mes idées ne ſont preſque plus que des ſenſations, & la ſphere de mon entendement ne paſſe pas les objets dont je ſuis immédiatement entouré.

Fuyant les hommes, cherchant la ſolitude, n'imaginant plus, penſant encore moins, & cependant doué d'un tempérament vif qui m'éloigne de l'apathie languiſſante & mélancolique, je commençai de m'occuper de tout ce qui m'entouroit, & par un inſtinct fort naturel, je donnai la préférence aux objets les plus agréables. Le regne minéral n'a rien en ſoi d'aimable & d'attrayant; ſes richeſſes enfermées dans le ſein de la terre, ſemblent avoir été éloignées des regards des hommes, pour ne pas tenter leur cupidité : elles ſont là comme en réſerve pour ſervir un jour de ſupplément aux véritables richeſſes, qui ſont plus à ſa portée, & dont il perd le goût à meſure qu'il ſe corrompt. Alors il faut qu'il appelle l'induſtrie, la peine & le travail au ſecours de ſes miſeres; il fouille les entrailles de la terre, il va chercher dans ſon centre, aux riſques de ſa vie, & aux dépens de ſa ſanté, des biens imaginaires à la place des biens réels qu'elle lui offroit d'elle-même, quand il ſavoit en jouir. Il fuit le ſoleil & le jour, qu'il n'eſt plus digne de voir; il s'enterre tout vivant, & fait bien, ne méritant plus de vivre à la lumiere du jour. Là des carrieres, des gouffres, des forges, des fourneaux, un appareil d'enclumes, de marteaux, de fumée & de feu, ſuccedent aux douces images des travaux champêtres. Les viſages hâvres des malheureux qui languiſſent dans les infectes vapeurs des mines, de noirs forgerons, de hideux ciclopes, ſont le ſpectacle que l'appareil des mines ſubſtitue, au ſein de la terre, à celui de la verdure & des fleurs, du ciel azuré, des Bergers amoureux, & des Laboureurs robuſtes, ſur ſa ſurface.

Il eſt aiſé, je l'avoue, d'aller ramaſſant du ſable & des pierres, d'en remplir ſes poches & ſon cabinet, & de ſe donner avec cela les airs d'un Naturaliſte: mais ceux qui s'attachent & ſe bornent à ces ſortes de collections, ſont pour l'ordinaire de riches ignorans, qui ne cherchent à cela que le plaiſir de l'étalage. Pour profiter dans l'étude des minéraux, il faut être Chymiſte & Phyficien; il faut faire des expériences pénibles & coûteuses, travailler dans des laboratoires, dépenser beaucoup d'argent & de tems, parmi le charbon, les creusets, les fourneaux, les cornues, dans la fumée, & les vapeurs étouffantes, toujours au risque de sa vie, & souvent aux dépens de sa santé. De tout ce triste & fatiguant travail résulte pour l'ordinaire beaucoup moins de savoir que d'orgueil; & où est le plus médiocre Chymiste, qui ne croye pas avoir pénétré toutes les grandes opérations de la nature, pour avoir trouvé, par hasard peut-être, quelques petites combinaisons de l'art?

Le regne animal est plus à notre portée & certainement mérite encore mieux d'être étudié; mais enfin cette étude n'a-t-elle pas aussi ses difficultés, ses embarras, ses dégoûts & ses peines? sur-tout pour un solitaire qui n'a ni dans ses yeux, ni dans ses travaux d'assistance à espérer de personne; comment observer, disséquer, étudier, connoître, les oiseaux dans les airs, les poissons dans les eaux, les quadrupedes plus légers que le vent, plus forts que l'homme, & qui ne ſont pas plus diſpoſés à venir s'offrir à mes recherches, que moi de courir après eux pour les y ſoumettre de force? J'aurois donc pour reſſource des eſcargots, des vers, des mouches, & je paſſerois ma vie à me mettre hors d'haleine pour courir après des papillons, à empaler de pauvres inſectes, à diſſéquer des ſouris quand j'en pourrois prendre, ou les charognes des bétes que par haſard je trouverois mortes. L'étude des animaux n'eſt rien ſans l'anatomie; c'eſt par elle qu'on apprend à les claſſer, à diſtinguer les genres, les eſpeces. Pour les étudier par leurs mœurs, par leurs caracteres, il faudroit avoir des volieres, des viviers, des ménageries; il faudroit les contraindre en quelque maniere que ce pût être à reſter aſſemblés autour de moi; je n'ai le moyen de les tenir en captivité, ni l'agileté néceſſaire pour les ſuivre dans leurs allures quand ils ſont en liberté. Il faudra donc les étudier morts, les déchirer, les déſoſſer, fouiller à loiſir dans leurs entrailles palpitantes! Quel appareil affreux qu'un amphithéâtre anatomique, des cadavres puans, de baveuſes & livides chairs, du ſang, des inteſtins dégoûtans, des ſquelettes affreux, des vapeurs peſtilentielles! Ce n'eſt pas-là, ſur ma parole que J. J. ira chercher ſes amuſemens.

Brillantes fleurs, émail des prés, ombrages frais, ruiſſeaux, boſquets, verdure, venez purifier mon imagination ſalie par tous ces hideux objets. Mon ame morte à tous les grands mouvemens ne peut plus s'affecter que par des objets ſenſibles; je n'ai plus que des ſenſations, & ce n'eſt plus que par elles que la peine ou le plaiſir peuvent m'atteindre ici-bas. Attiré par les riants objets qui m'entourent, je les conſidere, je les contemple, je les compare, j'apprends enfin à les claſſer, & me voilà tout d'un coup auſſi botaniſte qu'a beſoin de l'être celui qui ne veut étudier la nature que pour trouver ſans ceſſe de nouvelles raiſons de l'aimer.

Je ne cherche point à m'inſtruire: il eſt trop tard. D'ailleurs je n'ai jamais vu que tant de ſcience contribuât au bonheur de la vie; mais je cherche à me donner des amuſemens doux & ſimples que je puiſſe goûter ſans peine, & qui me diſtraiſent de mes malheurs. Je n'ai ni dépenſe à faire, ni peine à prendre pour errer nonchalamment d'herbe en herbe, de plante en plante, pour les examiner, pour comparer leurs divers caracteres, pour marquer leurs rapports & leurs différences; enfin pour obſerver l'organiſation végétale de maniere à ſuivre la marche & le jeu de ces machines vivantes, à chercher quelquefois avec ſuccès leurs loix générales, la raiſon & la fin de leurs ſtructures diverſes, & à me livrer aux charmes de l'admiration reconnoiſſante, pour la main qui me fait jouir de tout cela.

Les plantes ſemblent avoir été ſemées avec profuſion ſur la terre comme les étoiles dans le ciel, pour inviter l'homme par l'attrait du plaiſir & de la curioſité à l'étude de la nature; mais les aſtres ſont placés loin de nous; il faut des connoiſſances préliminaires, des inſtrumens, des machines, de bien longues échelles pour les atteindre & les rapprocher à notre portée. Les plantes y ſont naturellement. Elle naiſſent ſous nos pieds, & dans nos mains pour ainſi dire, & ſi la petiteſſe de leurs parties eſſentielles les dérobe quelquefois à la ſimple vue, les inſtrumens qui les y rendent ſont d'un beaucoup plus facile uſage que ceux de l'aſtronomie. La botanique eſt l'étude d'un oiſif & pareſſeux ſolitaire : une pointe & une loupe ſont tout l'appareil dont il a beſoin pour les obſerver. Il ſe promene, il erre librement d'un objet à l'autre, il fait la revue de chaque fleuravec intérêt & curioſité, & ſi-tôt qu'il commence à ſaiſir les loix de leur ſtructure, il goûte à les obſerver un plaiſir ſans peine, auſſi vif que s'il lui en coûtoit beaucoup. Il y a dans cette oiſeuſe occupation un charme qu'on ne ſent que dans le plein calme des paſſions, mais qui ſuffit ſeul alors pour rendre la vie heureuſe & douce : mais ſi-tôt qu'on y mêle un motif d'intérêt ou de vanité, ſoit pour remplir des places, ou pour faire des livres, ſi-tôt qu'on ne veut apprendre que pour inſtruire, qu'on n'herboriſe que pour devenir auteur, ou profeſſeur, tout ce doux charme s'évanouit; on ne voit plus dans les plantes que des inſtrumens de nos paſſions, on ne trouve plus aucun vrai plaiſir dans leur étude, on ne veut plus ſavoir, mais montrer qu'on ſait ; & dans les bois on n'eſt que ſur le théâtre du monde, occupé du ſoin de s'y faire admirer; ou bien ſe bornant à la botanique de cabinet & de jardin tout au plus, au lieu d'obſerver les végétaux dans la nature, on ne s'occupe que de ſyſtêmes & de méthodes; matiere éternelle de diſpute qui ne fait pas connoître une plante de plus, & ne jette aucune véritable lumiere ſur l'hiſtoire naturelle & le regne végétal. De-là les haines, les jalouſies que la concurrence de célébrité excite chez les botaniſtes auteurs, autant & plus que chez les autres ſavans. En dénaturant cette aimable étude, ils la tranſplantent au milieu des villes & des académies, où elle ne dégénere pas moins que les plantes exotiques dans les jardins des curieux.

Des diſpoſitions bien différentes ont fait pour moi de cette étude une eſpece de paſſion qui remplit le vide de toutes celles que je n'ai plus. Je gravis les rochers, les montagnes, je m'enfonce dans les vallons, dans les bois pour me dérober autant qu'il eſt poſſible au ſouvenir des hommes, & aux atteintes des méchans. Il me ſemble que sous les ombrages d'une forêt, je suis oublié, libre & paisible comme si je n'avois plus d'ennemis, ou que le feuillage des bois dût me garantir de leurs atteintes comme il les éloigne de mon souvenir; & je m'imagine dans ma bêtise, qu'en ne pensant point à eux, ils ne penseront point à moi. Je trouve une si grande douceur dans cette illusion que je m'y livrerois tout entier si ma situation, ma foiblesse & mes besoins me le permettoient. Plus la solitude où je vis alors est profonde, plus il faut que quelque objet en remplisse le vide, & ceux que mon imagination me refuse ou que ma mémoire repousse sont suppléés par les productions spontanées que la terre non forcée par les hommes, offre à mes yeux de toutes parts. Le plaisir d'aller dans un désert chercher de nouvelles plantes, couvre celui d'échapper à mes persécuteurs; & parvenu dans des lieux où je ne vois nulles traces d'hommes, je respire plus à mon aise comme dans un asyle où leur haine ne me poursuit plus.

Je me rappellerai toute ma vie une herborisation que je fis un jour du côté de la Robaila, montagne du justicier *Clerc*. J'étois seul, je m'enfonçai dans les anfractuosités de la montagne, & de bois en bois, de roche en roche, je parvins à un réduit si caché que je n'ai vu de ma vie un aspect plus sauvage. De noirs sapins entremêlés de hêtres prodigieux, dont plusieurs tombés de vieillesses & entrelacés les uns dans les autres, fermoient ce réduit de barrieres impénétrables; quelques intervalles que laissoit cette sombre enceinte n'offroient au-delà que des roches coupées à pic & d'horribles précipices que je n'osois regarder qu'en me couchant sur le ventre. Le Duc, la Chevêche & l'Orfraye faisoient entendre leurs cris dans les fentes de la montagne, quelques petits oiseaux rares, mais familiers, tempéroient cependant l'horreur de cette solitude; là je trouvai la Dentaire *heptaphyllos*, le *Ciclamen*, le *Nidus avis*, le grand *Laserpitium* & quelques autres plantes qui me charmerent & m'amuserent long-tems: mais insensiblement dominé par la forte impression des objets, j'oubliai la botanique & les plantes, je m'assis sur des oreilliers de *Lycopo-*

dium & de Mousses, & je me mis à rêver plus à mon aise en pensant que j'étois-là dans un refuge ignoré de tout l'univers où les persécuteurs ne me déterreroient pas. Un mouvement d'orgueil se mêla bientôt à cette rêverie. Je me comparois à ces grands voyageurs qui découvrent une isle déserte, & je me disois avec complaisance, sans doute je suis le premier mortel qui ait pénétré jusqu'ici; je me regardois presque comme un autre Colomb. Tandis que je me pavanois dans cette idée, j'entendis peu loin de moi, un certain cliquetis que je crus reconnoître; j'écoute : le même bruit se répète & se multiplie. Surpris & curieux, je me leve, je perce à travers un fourré de broussailles du côté d'où venoit le bruit; & dans une combe à vingt pas du lieu même où je croyois être parvenu le premier, j'apperçois une manufacture de bas.

Je ne saurois exprimer l'agitation confuse & contradictoire que je sentis dans mon cœur à cette découverte. Mon premier mouvement fut un sentiment de joie de me retrouver parmi des humains où je m'étois cru totalement ſeul : mais ce mouvement plus rapide que l'éclair, fit bientôt place à un ſentiment douloureux plus durable, comme ne pouvant dans les antres mêmes des Alpes, échapper aux cruelles mains des hommes acharnés à me tourmenter. Car j'étois bien ſûr qu'il n'y avoit peut-être pas deux hommes dans cette fabrique qui ne fuſſent initiés dans le complot dont le prédicant Montmollin s'étoit fait le chef, & qui tiroit de plus loin ſes premiers mobiles. Je me hâtai d'écarter cette triſte idée & je finis par rire en moi-même, & de ma vanité puérile, & de la maniere comique dont j'en avois été puni.

Mais en effet, qui jamais eût dû s'attendre à trouver une manufacture dans un précipice ! Il n'y a que la Suiſſe au monde qui préſente ce mélange de la nature ſauvage, & de l'induſtrie humaine. La Suiſſe entiere n'eſt pour ainſi dire qu'une grande Ville dont les rues larges & longues plus que celles de St. Antoine, ſont ſemées de forêts, coupées de montagnes, & dont les maiſons éparſes & iſolées ne communiquent entr'elles que par des jarſins anglois. Je me rappellai à ce ſujet une autre herboriſation que *Du Peyrou*, *Deſcherny*, le Colonel *Pury*, le Juſticier *Clerc* & moi avions faite il y avoit quelque tems ſur la montagne de Chaſſeron, du ſommet de laquelle on découvre ſept lacs. On nous dit qu'il n'y avoit qu'une ſeule maiſon ſur cette montagne, & nous n'euſſions ſurement pas deviné la profeſſion de celui qui l'habitoit ſi l'on n'eût ajouté que c'étoit un Libraire, & qui même faiſoit fort bien ſes affaires dans le pays (*). Il me ſemble qu'un ſeul fait de cette eſpece fait mieux connoître la Suiſſe que toutes les deſcriptions des voyageurs.

En voici une autre de même nature, ou à peu-près qui ne fait pas moins connoître un peuple fort différent. Durant mon ſéjour à Grenoble je faiſois ſouvent de petites herboriſations hors de la Ville avec le ſieur *Bovier*, Avocat de ce pays-là, non pas qu'il aimât ni ſût la botanique, mais parce

---

(*) C'eſt, ſans doute, la reſſemblance des noms qui a entraîné M. Rouſſeau à appliquer l'anecdote du Libraire à *Chaſſeron*, au lieu de *Chaſſeral*, autre montagne très-élevée ſur les frontieres de la Principauté de Neufchatel.

que s'étant fait mon garde de la manche, il se faisoit, autant que la chose étoit possible, une loi de ne pas me quitter d'un pas. Un jour nous nous promenions le long de l'Isere, dans un lieu tout plein de saules épineux. Je vis sur ces arbrisseaux des fruits mûrs, j'eus la curiosité d'en goûter, & leur trouvant une petite acidité très-agréable, je me mis à manger de ces grains pour me rafraîchir; le sieur *Bovier* se tenoit à côté de moi sans m'imiter & sans rien dire. Un de ses amis survint qui me voyant picorer ces grains, me dit : eh! Monsieur, que faites-vous là? ignorez-vous que ce fruit empoisonne? Ce fruit empoisonne, m'écriai-je tout surpris! Sans doute, reprit-il, & tout le monde sait si bien cela, que personne dans le pays ne s'avise d'en goûter. Je regardois le sieur *Bovier* & je lui dis, pourquoi donc ne m'avertissiez-vous pas? Ah, Monsieur, me répondit-il d'un ton respectueux, je n'osois pas prendre cette liberté. Je me mis à rire de cette humilité Dauphinoise, en discontinuant néanmoins ma petite collation. J'étois persuadé, comme

comme je le ſuis encore, que toute production naturelle agréable au goût, ne peut-être nuiſible au corps, ou ne l'eſt du moins que par ſon excès. Cependant j'avoue que je m'écoutai un peu tout le reſte de la journée: mais j'en fus quitte pour un peu d'inquiétude; je ſoupai très-bien, dormis mieux & me levai le matin en parfaite ſanté, après avoir avalé la veille, quinze ou vingt grains de ce terrible *hippophæe*, qui empoiſonne, à très-petite doſe, à ce que tout le monde me dit à Grenoble le lendemain. Cette aventure me parut ſi plaiſante, que je ne me la rappelle jamais ſans rire de la ſinguliere diſcrétion de M. l'Avocat *Bovier*.

Toutes mes courſes de botanique, les diverſes impreſſions du local des objets qui m'ont frappé, les idées qu'il m'a fait naître, les incidens qui s'y ſont mêlés, tout cela m'a laiſſé des impreſſions qui ſe renouvellent par l'aſpect des plantes herboriſées dans ces mêmes lieux. Je ne reverrai plus ces beaux payſages, ces forêts, ces lacs, ces boſquets, ces rochers, ces montagnes, dont l'aſpect a toujours touché mon cœur : mais maintenant que je ne peux plus courir ces heureuſes contrées, je n'ai qu'à ouvrir mon herbier, & bientôt il m'y tranſporte. Les fragmens des plantes que j'y ai cueillies ſuffiſent pour me rappeller tout ce magnifique ſpectacle. Cet herbier eſt pour moi un journal d'herboriſations, qui me les fait recommencer avec un nouveau charme, & produit l'effet d'un optique qui les peindroit de rechef à mes yeux.

C'eſt la chaîne des idées acceſſoires qui m'attache à la botanique. Elle raſſemble & rappelle à mon imagination toutes les idées qui la flattent davantage ; les prés, les eaux, les bois, la ſolitude, la paix ſur-tout, & le repos qu'on trouve au milieu de tout cela, ſont retracés par elle inceſſamment à ma mémoire. Elle me fait oublier les perſécutions des hommes, leur haine, leur mépris, leurs outrages, & tous les maux dont ils ont payé mon tendre & ſincere attachement pour eux. Elle me tranſporte dans des habitations paiſibles, au milieu de gens ſimples & bons, tels que ceux avec qui j'ai vécu jadis. Elle me rappelle & mon jeune âge, & mes innocens plaiſirs, elle m'en fait jouir de rechef, & me rend heureux bien ſouvent encore, au milieu du plus triſte ſort qu'ait ſubi jamais un mortel.

HUITIEME PROMENADE.

En méditant sur les dispositions de mon ame dans toutes les situations de ma vie, je suis extrêmement frappé de voir si peu de proportion entre les diverses combinaisons de ma destinée, & les sentimens habituels de bien ou mal-être dont elles m'ont affecté. Les divers intervalles de mes courtes prospérités ne m'ont laissé presqu'aucun souvenir agréable de la maniere intime & permanente dont elles m'ont affecté; & au contraire dans toutes les miseres de ma vie, je me sentois constamment rempli de sentimens tendres, touchans, délicieux, qui, versant un baume salutaire sur les blessures de mon cœur navré, sembloient en convertir la douleur en volupté, & dont l'aimable souvenir me revient seul, dégagé de celui des maux que j'éprouvois en même-tems. Il me semble que j'ai plus goûté la douceur de l'existence; que j'ai réellement plus vécu quand mes sentimens resserrés, pour ainsi dire, autour de mon cœur par ma destinée, n'alloient point s'évaporant au-dehors, sur tous les objets de l'estime des hommes qui en méritent si peu par eux-mêmes, & qui font l'unique occupation des gens que l'on croit heureux.

Quand tout étoit dans l'ordre autour de moi; quand j'étois content de tout ce qui m'entouroit & de la sphere dans laquelle j'avois à vivre, je la remplissois de mes affections. Mon ame expansive s'étendoit sur d'autres objets. Et toujours attiré loin de moi par des goûts de mille especes, par des attachemens aimables qui sans cesse occupoient mon cœur, je m'oublois en quelque façon moi-même, j'étois tout entier à ce qui m'étoit étranger, & j'éprouvois dans la continuelle agitation de mon cœur, toute la vicissitude des choses humaines. Cette vie orageuse ne me laissoit ni paix au-dedans, ni repos au-dehors. Heureux en apparence, je n'avois pas un sentiment qui pût soutenir l'épreuve de la réflexion, & dans lequel je pusse vraiment me complaire. Jamais je n'étois parfaitement content ni d'autrui ni de moi-même. Le tumulte du monde m'étourdiſſoit, la ſolitude m'ennuyoit; j'avois ſans ceſſe beſoin de changer de place, & je n'étois bien nulle part. J'étois fêté pourtant, bien voulu, bien reçu, careſſé partout; je n'avois pas un ennemi, pas un malveuillant, pas un envieux; comme on ne cherchoit qu'à m'obliger, j'avois ſouvent le plaiſir d'obliger moi-même beaucoup de monde; & ſans bien, ſans emploi, ſans fauteurs, ſans grands talens bien développés ni bien connus, je jouiſſois des avantages attachés à tout cela, & je ne voyois perſonne dans aucun état dont le ſort me parût préférable au mien. Que me manquoit-il donc pour être heureux? je l'ignore; mais je ſais que je ne l'étois pas. Que me manque-t-il aujourd'hui pour être le plus infortuné des mortels? rien de tout ce que les hommes ont pu mettre du leur pour cela. Hé bien! dans cet état déplorable, je ne changerois pas encore d'être & de deſtinée contre le plus fortuné d'entr'eux, & j'aime encore mieux être moi dans toute ma miſere, que d'être aucun de ces gens-là dans toute leur prospérité. Réduit à moi seul, je me nourris, il est vrai, de ma propre substance, mais elle ne s'épuise pas; je me suffis à moi-même, quoique je rumine, pour ainsi dire, à vide, & que mon imagination tarie, & mes idées éteintes ne fournissent plus d'alimens à mon cœur. Mon ame offusquée, obstruée par mes organes, s'affaisse de jour en jour, &, sous le poids de ces lourdes masses, n'a plus assez de vigueur pour s'élancer comme autrefois hors de sa vieille enveloppe.

C'est à ce retour sur nous-mêmes, que nous force l'adversité; & c'est peut-être là ce qui la rend le plus insupportable à la plupart des hommes. Pour moi qui ne trouve à me reprocher que des fautes, j'en accuse ma foiblesse, & je me console, car jamais mal prémédité n'approcha de mon cœur.

Cependant à moins d'être stupide, comment contempler un moment ma situation, sans la voir aussi horrible qu'ils l'ont rendue, & sans périr de douleur & de désespoir. Loin de cela, moi le plus sensible des êtres, je la, contemple & ne m'en émeus pas; & ſans combats, ſans efforts ſur moi-même, je me vois preſque avec indifférence dans un état dont nul autre homme, peut-être, ne ſupporteroit l'aſpect ſans effroi.

Comment en ſuis-je venu là? car j'étois bien loin de cette diſpoſition paiſible au premier ſoupçon du complot dont j'étois enlaſſé depuis longtems ſans m'en être aucunement apperçu. Cette découverte nouvelle me bouleverſa. L'infamie & la trahiſon me ſurprirent au dépourvu. Quelle ame honnête eſt préparée à de tels genres de peines? Il faudroit les mériter pour les prévoir. Je tombai dans tous les piéges qu'on creuſa ſous mes pas. L'indignation, la fureur, le délire s'emparerent de moi: je perdis la tramontane. Ma tête ſe bouleverſa, & dans les ténébres horribles où l'on n'a ceſſé de me tenir plongé, je n'apperçus plus ni lueur pour me conduire, ni appui, ni priſe où je puſſe me tenir ferme, & réſiſter au déſeſpoir qui m'entraînoit.

Comment vivre heureux & tranquille dans cet état affreux? J'y ſuis pourtant encore & plus enfoncé que jamais, & j'y ai retrouvé le calme & la paix, & j'y vis heureux & tranquille; & j'y ris des incroyables tourmens que mes perſécuteurs ſe donnent ſans ceſſe, tandis que je reſte en paix, occupé de fleurs, d'étamines, & d'enfantillages, & que je ne ſonge pas même à eux.

Comment s'eſt fait ce paſſage? naturellement, inſenſiblement, & ſans peine. La premiere ſurpriſe fut épouvantable. Moi qui me ſentois digne d'amour & d'eſtime; moi qui me croyois honoré, chéri comme je méritois de l'être, je me vis traveſti tout d'un coup en un monſtre affreux tel qu'il n'en exiſta jamais. Je vois toute une génération ſe précipiter toute entiere dans cette étrange opinion, ſans explication, ſans doute, ſans honte, & ſans que je puiſſe parvenir à ſavoir jamais la cauſe de cette étrange révolution. Je me débattis avec violence & ne fis que mieux m'enlacer. Je voulus forcer mes perſécuteurs à s'expliquer avec moi; ils n'avoient garde. Après m'être long-tems tourmenté ſans ſuccès, il fallut bien prendre haleine. Cependant j'espérois toujours, je me disois: un aveuglement si stupide, une si absurde prévention ne sauroit gagner tout le genre humain. Il y a des hommes de sens qui ne partagent pas le délire; il y a des ames justes qui détestent la fourberie & les traîtres. Cherchons, je trouverai peut-être enfin un homme; si je le trouve, ils sont confondus. J'ai cherché vainement; je ne l'ai point trouvé. La ligue est universelle, sans exception, sans retour, & je suis sûr d'achever mes jours dans cette affreuse proscription, sans jamais en pénétrer le mystere.

C'est dans cet état déplorable qu'après de longues angoisses, au lieu du désespoir qui sembloit devoir être enfin mon partage, j'ai retrouvé la sérénité, la tranquillité, la paix, le bonheur même puisque chaque jour de ma vie me rappelle avec plaisir celui de la veille, & que je n'en desire point d'autre pour le lendemain.

D'où vient cette différence? d'une seule chose; c'est que j'ai appris à porter le joug de la nécessité sans murmure. C'est que je m'efforçois de tenir encore à mille choses, & que toutes ces prises m'ayant successivement échappé, réduit à moi seul, j'ai repris enfin mon assiette. Pressé de tous cotés, je demeure en équilibre, parce que je ne m'attache plus à rien, je ne m'appuye que sur moi.

Quand je m'élevois avec tant d'ardeur contre l'opinion, je portois encore son joug, sans que je m'en apperçusse. On veut être estimé des gens qu'on estime, & tant que je pus juger avantageusement des hommes ou du moins de quelques hommes, les jugemens qu'ils portoient de moi ne pouvoient m'être indifférens. Je voyois que souvent les jugemens du public sont équitables; mais je ne voyois pas que cette équité même étoit l'effet du hasard, que les regles sur lesquelles les hommes fondent leurs opinions ne sont tirées que de leurs passions ou de leurs préjugés, qui en sont l'ouvrage, & que lors même qu'ils jugent bien, souvent encore ces bons jugemens naissent d'un mauvais principe, comme lorsqu'ils feignent d'honorer en quelque succès le mérite d'un homme, non par esprit de justice, mais pour se donner un air impartial, en calomniant tout à leur aiſe le même homme ſur d'autres points.

Mais quand après de ſi longues & vaines recherches, je les vis tous reſter ſans exception dans le plus inique & abſurde ſyſtême que l'eſprit infernal pût inventer; quand je vis qu'à mon égard la raiſon étoit bannie de toutes les têtes & l'équité de tous les cœurs; quand je vis une génération frénétique ſe livrer toute entiere à l'aveugle fureur de ſes guides contre un infortuné qui jamais ne fit, ne voulut, ne rendit de mal à perſonne; quand après avoir vainement cherché un homme, il fallut éteindre enfin ma lanterne, & m'écrier, il n'y en a plus; alors je commençai à me voir ſeul ſur la terre, & je compris que mes contemporains n'étoient par rapport à moi, que des êtres méchaniques, qui n'agiſſoient que par impulſion, & dont je ne pouvois calculer l'action que par les loix du mouvement. Quelque intention, quelque paſſion que j'euſſe pu ſuppoſer dans leurs ames, elles n'auroient jamais expliqué leur conduite à mon égard, d'une façon que je puſſe entendre. C'eſt ainſi que leurs diſpoſitions intérieures cesserent d'être quelque chose pour moi. Je ne vis plus en eux que des masses différemment mues, dépourvues à mon égard de toute moralité.

Dans tous les maux qui nous arrivent, nous regardons plus à l'intention qu'à l'effet. Une tuile qui tombe d'un toît peut nous blesser davantage, mais ne nous navre pas tant qu'une pierre lancée à dessein par une main malveuillante. Le coup porte à faux quelquefois, mais l'intention ne manque jamais son atteinte. La douleur matérielle est ce qu'on sent le moins dans les atteintes de la fortune ; & quand les infortunés ne savent à qui s'en prendre de leurs malheurs, ils s'en prennent à la destinée qu'ils personnifient, & à laquelle ils prêtent des yeux & une intelligence pour les tourmenter à dessein. C'est ainsi qu'un joueur dépité par ses pertes, se met en fureur sans savoir contre qui. Il imagine un sort qui s'acharne à dessein contre lui pour le tourmenter ; & trouvant un aliment à sa colere, il s'anime & s'enflamme contre l'ennemi qu'il s'est créé. L'homme sage qui ne voit dans tous les malheurs qui lui arrivent que les coups de l'aveugle néceſſité, n'a point ces agitations inſenſées; il crie dans ſa douleur, mais ſans emportement, ſans colere, il ne ſent du mal dont il eſt la proie, que l'atteinte matérielle; & les coups qu'il reçoit ont beau bleſſer ſa perſonne, pas un n'arrive juſqu'à ſon cœur.

C'eſt beaucoup que d'en être venu là, mais ce n'eſt pas tout. Si l'on s'arrête, c'eſt bien avoir coupé le mal, mais c'eſt avoir laiſſé la racine. Car cette racine n'eſt pas dans les êtres qui nous ſont étrangers, elle eſt en nous-mêmes, & c'eſt-là qu'il faut travailler pour l'arracher tout-à-fait. Voilà ce que je ſentis parfaitement dès que je commençai de revenir à moi. Ma raiſon ne me montrant qu'abſurdités dans toutes les explications que je cherchois à donner à ce qui m'arrive, je compris que les cauſes, les inſtrumens, les moyen de tout cela m'étant inconnus & inexplicables, devoient être nuls pour moi; que je devois regarder tous les détails de ma deſtinée, comme autant d'actes d'une pure fatalité, où je ne devois ſuppoſer ni direction, ni intention, ni cause morale; qu'il falloit m'y soumettre sans raisonner & sans regimber, parce que cela étoit inutile; que tout ce que j'avois à faire encore sur la terre étant de m'y regarder comme un être purement passif, je ne devois point user, à résister inutilement à ma destinée, la force qui me restoit pour la supporter. Voilà ce que je me disois; ma raison, mon cœur y acquiesçoient, & néanmoins je sentois ce cœur murmurer encore. D'où venoit ce murmure? Je le cherchai, je le trouvai; il venoit de l'amour propre qui après s'être indigné contre les hommes, se soulevoit encore contre la raison.

Cette découverte n'étoit pas si facile à faire qu'on pourroit croire, car un innocent persécuté prend long-tems pour un pur amour de la justice l'orgueil de son petit individu. Mais aussi la véritable source une fois bien connue, est facile à tarir ou du moins à détourner. L'estime de soi-même est le plus grand mobile des ames fieres, l'amour-propre fertile en illusions se déguise & se fait prendre pour cette estime; mais quand la fraude enfin se découvre, & que l'amour-propre ne peut plus se cacher, dès-lors il n'est plus à craindre; & quoiqu'on l'étouffe avec peine, on le subjugue au moins aisément.

Je n'eus jamais beaucoup de pente à l'amour-propre. Mais cette passion factice s'étoit exaltée en moi dans le monde, & sur-tout quand je fus auteur; j'en avois peut-être encore moins qu'un autre, mais j'en avois prodigieusement. Les terribles leçons que j'ai reçues l'ont bientôt renfermé dans ses premieres bornes; il commença par se révolter contre l'injustice, mais il a fini par la dédaigner : en se repliant sur mon ame, en coupant les relations extérieures qui le rendent exigeant, en renonçant aux comparaisons, aux préférences, il s'est contenté que je fusse bon pour moi; alors redevenant amour de moi-même, il est rentré dans l'ordre de la nature, & m'a délivré du joug de l'opinion.

Dès-lors j'ai retrouvé la paix de l'ame, & presque la félicité. Car dans quelque situation qu'on se trouve, ce n'est que par lui qu'on est constamment malheureux. Quand il se taît, & que la raison parle, elle nous conſole enfin de tous les maux qu'il n'a pas dépendu de nous d'éviter. Elle les anéantit même autant qu'ils n'agiſſent pas immédiatement ſur nous ; car on eſt ſûr alors d'éviter leurs plus poignantes atteintes en ceſſant de s'en occuper. Ils ne ſont rien pour celui qui n'y penſe pas. Les offenſes, les vengeances, les paſſe-droits, les outrages, les injuſtices ne ſont rien pour celui qui ne voit dans les maux qu'il endure, que le mal même & non pas l'intention, pour celui dont la place ne dépend pas dans ſa propre eſtime de celle qu'il leur plaît aux autres de lui accorder. De quelque façon que les hommes veuillent me voir, ils ne ſauroient changer mon être ; & malgré leur puiſſance, & malgré toutes leurs ſourdes intrigues, je continuerai, quoi qu'ils faſſent, d'être en dépit d'eux ce que je ſuis. Il eſt vrai que leurs diſpoſitions à mon égard influent ſur ma ſituation réelle. La barriere qu'ils ont miſe entr'eux & moi m'ôte toute reſſource de ſubſiſtance & d'aſſiſtance dans ma vieilleſſe & mes beſoins. Elle me rend l'argent même inutile, puiſqu'il ne peut me procurer les ſervices qui me ſont néceſſaires, il n'y a plus ni commerce, ni ſecours réciproque, ni correſpondance entre eux & moi. Seul au milieu d'eux, je n'ai que moi ſeul pour reſſource, & cette reſſource eſt bien foible à mon âge & dans l'état où je ſuis. Ces maux ſont grands, mais ils ont perdu ſur moi toute leur force, depuis que j'ai ſu les ſupporter ſans m'en irriter. Les points où le vrai beſoin ſe fait ſentir ſont toujours rares. La prévoyance & l'imagination les multiplient, & c'eſt par cette continuité de ſentimens qu'on s'inquiéte & qu'on ſe rend malheureux. Pour moi j'ai beau ſavoir que je ſouffrirai demain, il me ſuffit de ne pas ſouffrir aujourd'hui pour être tranquille. Je ne m'affecte point du mal que je prévois, mais ſeulement de celui que je ſens, & cela le réduit à très-peu de choſe. Seul, malade & délaiſſé dans mon lit, j'y peux mourir d'indigence, de froid & de faim, ſans que perſonne s'en mette en peine. Mais qu'importe ſi je ne m'en mets pas en peine moi-même, & ſi je m'affecte auſſi peu que les autres de mon deſtin quel qu'il ſoit. N'eſt-ce rien ſur-tout à mon âge que d'avoir appris à voir la vie & la mort, la maladie & la ſanté, la richeſſe & la miſere, la gloire & la diffamation avec la même indifférence? Tous les autres vieillards s'inquiétent de tout, moi je ne m'inquiéte de rien; quoi qu'il puiſſe arriver tout m'eſt indifférent, & cette indifférence n'eſt pas l'ouvrage de ma ſageſſe, elle eſt celui de mes ennemis, & devient une compenſation des maux qu'ils me font. En me rendant inſenſible à l'adverſité, ils m'ont fait plus de bien, que s'ils m'euſſent épargné ſes atteintes. En ne l'éprouvant pas je pouvois toujours la craindre, au lieu qu'en la ſubjuguant, je ne la crains plus.

Cette diſpoſition me livre au milieu des traverſes de ma vie, à l'incurie de mon naturel, preſqu'auſſi pleinement que ſi je vivois dans la plus complette proſpérité. Hors les courts momens où je ſuis rappellé par la préſence des objets aux plus douloureuſes inquiétudes, tout le reſte du tems, livré par mes penchans aux affections qui m'attirent, mon cœur ſe nourrit encore des ſentimens pour leſquels il étoit né, & j'en jouis avec les êtres imaginaires qui les produiſent, & qui les partagent, comme ſi ces êtres exiſtoient réellement. Ils exiſtent pour moi qui les ai créés, & je ne crains ni qu'ils me trahiſſent ni qu'ils m'abandonnent. Ils dureront autant que mes malheurs mêmes & ſuffiront pour me les faire oublier.

Tout me ramene à la vie heureuſe & douce pour laquelle j'étois né; je paſſe les trois quarts de ma vie, ou occupé d'objets inſtructifs & même agréables, auxquels je livre avec délices mon eſprit & mes ſens; ou avec les enfans de mes fantaiſies que j'ai créés ſelon mon cœur, & dont le commerce en nourrit les ſentimens; ou avec moi ſeul, content de moi-même & déjà plein du bonheur que je ſens m'être dû. En tout ceci l'amour de moi-même fait toute l'œuvre, l'amour-propre n'y entre pour rien. Il n'en eſt pas ainſi des triſtes momens que je paſſe encore au milieu des hommes, jouet de leurs careſſes traîtreſſes, de leurs complimens empoulés & dériſoires, de leur mielleuſe malignité. De quelque façon que je m'y ſuis pu prendre, l'amour-propre alors fait ſon jeu. La haine & l'animoſité que je vois dans leurs cœurs, à travers cette grossiere enveloppe, déchirent le mien de douleur, & l'idée d'être ainsi sottement pris pour dupe, ajoute encore à cette douleur un dépit très-puérile, fruit d'un sot amour-propre dont je sens toute la bêtise, mais que je ne puis subjuguer. Les efforts que j'ai faits pour m'aguerrir à ces regards insultans & moqueurs, sont incroyables. Cent fois j'ai passé par les promenades publiques & par les lieux les plus fréquentés, dans l'unique dessein de m'exercer à ces cruelles lutes. Non-seulement je n'y ai pu parvenir, mais je n'ai même rien avancé; & tous mes pénibles, mais vains efforts, m'ont laissé tout aussi facile à troubler, à navrer, & à indigner qu'auparavant.

Dominé par mes sens, quoi que je puisse faire, je n'ai jamais su résister à leurs impressions, & tant que l'objet agit sur eux, mon cœur ne cesse d'en être affecté; mais ces affections passageres ne durent qu'autant que la sensation qui les cause. La présence de l'homme haineux m'affecte violemment; mais sitôt qu'il disparoît, l'impression cesse; à l'instant que je ne le vois plus, je n'y pense plus. J'ai beau ſavoir qu'il va s'occuper de moi, je ne ſaurois m'occuper de lui. Le mal que je ne ſens point actuellement ne m'affecte en aucune ſorte, le perſécuteur que je ne vois point eſt nul pour moi. Je ſens l'avantage que cette poſition donne à ceux qui diſpoſent de ma deſtinée. Qu'ils en diſpoſent donc tout à leur aiſe. J'aime encore mieux qu'ils me tourmentent ſans réſiſtance, que d'être forcé de penſer à eux pour me garantir de leurs coups.

Cette action de mes ſens ſur mon cœur fait le ſeul tourment de ma vie. Les lieux où je ne vois perſonne, je ne penſe plus à ma deſtinée. Je ne la ſens plus, je ne ſouffre plus. Je ſuis heureux & content ſans diverſion, ſans obſtacle. Mais j'échappe rarement à quelque atteinte ſenſible; & lorſque j'y penſe le moins, un geſte, un regard ſiniſtre que j'apperçois, un mot envenimé que que j'entends, un malveuillant que je rencontre, ſuffit pour me bouleverſer. Tout ce que je puis faire en pareil cas eſt d'oublier bien vîte & de fuir. Le trouble de mon cœur diſparoît avec l'objet qui l'a cauſé, & je rentre dans le calme auſſi-tôt que je ſuis ſeul. Ou ſi quelque chose m'inquiéte, c'est la crainte de rencontrer sur mon passage quelque nouveau sujet de douleur. C'est-là ma seule peine; mais elle suffit pour altérer mon bonheur. Je loge au milieu de Paris. En sortant de chez moi je soupire après la campagne & la solitude, mais il faut l'aller chercher si loin, qu'avant de pouvoir respirer à mon aise, je trouve en mon chemin mille objets qui me serrent le cœur, & la moitié de la journée se passe en angoisses, avant que j'aye atteint l'asyle que je vais chercher. Heureux du moins quand on me laisse achever ma route. Le moment où j'échappe au cortege des méchans est délicieux, & si-tôt que je me vois sous les arbres, au milieu de la verdure, je crois me voir dans le paradis terrestre, & je goûte un plaisir interne aussi vif que si j'étois le plus heureux des mortels.

Je me souviens parfaitement que durant mes courtes prospérités, ces mêmes promenades solitaires qui me sont aujourd'hui si délicieuses, m'étoient insipides & ennuyeuses. Quand j'étois chez quelqu'un à la campagne, le besoin de faire de l'exercice & de reſpirer le grand air, me faiſoit ſouvent ſortir ſeul, & m'échappant comme un voleur, je m'allois promener dans le parc ou dans la campagne. Mais loin d'y trouver le calme heureux que j'y goûte aujourd'hui, j'y portois l'agitation des vaines idées qui m'avoient occupé dans le ſalon, le ſouvenir de la compagnie que j'y avois laiſſée m'y ſuivoit. Dans la ſolitude, les vapeurs de l'amour-propre & le tumulte du monde terniſſoient à mes yeux la fraîcheur des boſquets, & troubloient la paix de la retraite. J'avois beau fuir au fond des bois, une foule importune m'y ſuivoit par-tout, & violoit pour moi toute la nature. Ce n'eſt qu'après m'être détaché des paſſions ſociales & de leur triſte cortege, que je l'ai retrouvée avec tous ſes charmes.

Convaincu de l'impoſſibilité de contenir ces premiers mouvemens involontaires, j'ai ceſſé tous mes efforts pour cela. Je laiſſe, à chaque atteinte, mon ſang s'allumer, la colere & l'indignation s'emparer de mes ſens; je cede à la nature cette premiere exploſion que toutes mes forces ne pourroient arrêter ni ſuſpendre. Je tâche ſeulement

ment d'en arrêter les ſuites avant qu'elle ait produit aucun effet. Les yeux étincelans, le feu du viſage, le tremblement des membres, les ſuffocantes palpitations, tout cela tient au ſeul phyſique, & le raiſonnement n'y peut rien. Mais après avoir laiſſé faire a unaturel ſa premiere exploſion, l'on peut redevenir ſon propre maître en reprenant peu-à-peu ſes ſens; c'eſt ce que j'ai tâché de faire long-tems ſans ſuccès, mais enfin plus heureuſement; & ceſſant d'employer ma force en vaine réſiſtance, j'attends le moment de vaincre en laiſſant agir ma raiſon, car elle ne me parle que quand elle peut ſe faire écouter. Eh! que dis-je, hélas! ma raiſon? j'aurois grand tort encore de lui faire l'honneur de ce triomphe, car elle n'y a gueres de part; tout vient également d'un tempérament verſatile qu'un vent impétueux agite, mais qui rentre dans le calme à l'inſtant que le vent ne ſouffle plus; c'eſt mon naturel ardent qui m'agite, c'eſt mon naturel indolent qui m'appaiſe. Je cede à toutes les impulſions préſentes, tout choc me donne un mouvement vif & court;

ſi-tôt qu'il n'y a plus de choc, le mouvement ceſſe, rien de communiqué ne peut ſe prolonger en moi. Tous les événemens de la fortune, toutes les machines des hommes ont peu de priſe ſur un homme ainſi conſtitué. Pour m'affecter de peines durables, il faudroit que l'impreſſion ſe renouvellât à chaque inſtant. Car les intervalles, quelque courts qu'ils ſoient, ſuffiſent pour me rendre à moi-même. Je ſuis ce qu'il plaît aux hommes tant qu'ils peuvent agir ſur mes ſens, mais au premier inſtant de relâche, je redeviens ce que la nature a voulu; c'eſt-là, quoi qu'on puiſſe faire, mon état le plus conſtant, & celui par lequel, en dépit de la deſtinée, je goûte un bonheur pour lequel je me ſens conſtitué. J'ai décrit cet état dans une de mes rêveries; il me convient ſi bien que je ne deſire autre choſe que ſa durée, & ne crains que de le voir troubler. Le mal que m'ont fait les hommes ne me touche en aucune ſorte; la crainte ſeule de celui qu'ils peuvent me faire encore eſt capable de m'agiter; mais certain qu'ils n'ont plus de nouvelle priſe par la quelle ils puissent m'affecter d'un sentiment permanent, je me ris de toutes leurs trames, & je jouis de moi-même en dépit d'eux.

NEUVIEME PROMENADE.

LE bonheur eſt un état permanent, qui ne ſemble pas fait ici-bas pour l'homme. Tout eſt ſur la terre dans un flux continuel qui ne permet à rien d'y prendre une forme conſtante. Tout change autour de nous. Nous changeons nous-mêmes, & nul ne peut s'aſſurer qu'il aimera demain ce qu'il aime aujourd'hui. Ainſi tous nos projets de félicité pour cette vie ſont des chimeres. Profitons du contentement d'eſprit quand il vient; gardons-nous de l'éloigner par notre faute, mais ne faiſons pas des projets pour l'enchaîner, car ces projets-là ſont de pures folies. J'ai peu vu d'hommes heureux, peut-être point; mais j'ai ſouvent vu des cœurs contens, & de tous les objets qui m'ont frappé, c'eſt celui qui m'a le plus contenté moi-même. Je crois que c'eſt une ſuite naturelle du pouvoir des ſenſations ſur mes ſentimens internes. Le bonheur n'a point d'enſeigne extérieure; pour le connoître il faudroit lire dans le cœur de l'homme heureux; mais le contentement se lit dans les yeux, dans le maintien, dans l'accent, dans la démarche, & semble se communiquer à celui qui l'apperçoit. Est-il une jouissance plus douce que de voir un peuple entier se livrer à la joie un jour de fête, & tous les cœurs s'épanouir aux rayons expansifs du plaisir qui passe rapidement, mais vivement, à travers les nuages de la vie?

. . . .

Il y a trois jours que M. P. vint avec un empressement extraordinaire me montrer l'éloge de Madame Geoffrin, par M. D. La lecture fut précédée de longs & grands éclats de rire sur le ridicule néologisme de cette piece, & sur les badins jeux de mots dont il la disoit remplie. Il commença de lire en riant toujours. Je l'écoutois d'un sérieux qui le calma, & voyant que je ne l'imitois point, il cessa enfin de rire. L'article le plus long & le plus recherché de cette piece, rouloit sur le plaisir que prenoit Madame Geoffrin à voir les enfans & à les faire causer. L'Auteur tiroit, avec raison de cette disposition, une preuve de bon naturel. Mais il ne s'arrêtoit pas-là, & il accusoit décidément de mauvais naturel & de méchanceté, tous ceux qui n'avoient pas le même goût, au point de dire que si l'on interrogeoit là-dessus ceux qu'on mene au gibet ou à la roue, tous conviendroient qu'ils n'avoient pas aimé les enfans. Ces assertions faisoient un effet singulier dans la place où elles étoient. Supposant tout cela vrai, étoit-ce-là l'occasion de le dire, & falloit-il souiller l'éloge d'une femme estimable des images de supplice & de malfaiteurs? Je compris aisément le motif de cette affectation vilaine; & quand M. P. eut fini de lire, en relevant ce qui m'avoit paru bien dans l'éloge, j'ajoutai que l'Auteur en l'écrivant, avoit dans le cœur moins d'amitié que de haine.

Le lendemain le tems étant assez beau quoique froid, j'allai faire une course jusqu'à l'Ecole Militaire, comptant d'y trouver des mousses en pleine fleur; en allant je rêvois sur la visite de la veille, & sur l'écrit de M. D., où je pensois bien que le placage épisodique n'avoit pas été mis sans dessein; & la seule affectation de m'apporter cette brochure, à moi, à qui l'on cache tout, m'apprenoit assez quel en étoit l'objet. J'avois mis mes enfans aux enfans trouvés. C'en étoit assez pour m'avoir travesti en pere dénaturé, & de-là en étendant & caressant cette idée, on avoit peu-à-peu tiré la conséquence évidente que je haïssois les enfans; en suivant par la pensée la chaîne de ces gradations, j'admirois avec quel art l'industrie humaine sait changer les choses du blanc au noir. Car je ne crois pas que jamais homme ait plus aimé que moi à voir de petits bambins folâtrer & jouer ensemble, & souvent, dans la rue & aux promenades, je m'arrête à regarder leur espiéglerie & leurs petits jeux, avec un intérêt que je ne vois partager à personne. Le jour même où vint M. P., une heure avant sa visite, j'avois eu celle des deux petits du Soussoi, les plus jeunes enfans de mon hôte, dont l'aîné peut avoir sept ans. Ils étoient venus m'embrasser de si bon cœur, & je leur avois rendu si tendrement leurs caresses, que malgré la disparité des âges, ils avoient paru se plaire avec moi sincerement; & pour moi j'étois transporté d'aise de voir que ma vieille figure ne les avoit pas rebutés; le cadet même paroissoit venir à moi si volontiers, que, plus enfant qu'eux, je me ſentois attacher à lui déja par préférence, & je le vis partir avec autant de regret que s'il m'eût appartenu.

Je comprends que le reproche d'avoir mis mes enfans aux enfans trouvés, a facilement dégénéré, avec un peu de tournure, en celui d'être un pere dénaturé & de haïr les enfans. Cependant il eſt ſûr que c'eſt la crainte d'une deſtinée pour eux mille fois pire, & preſque inévitable par toute autre voie, qui m'a le plus déterminé dans cette démarche. Plus indifférent ſur ce qu'ils deviendroient, & hors d'état de les élever moi-même, il auroit fallu, dans ma ſituation, les laiſſer élever par leur mere, qui les auroit gâtés, & par ſa famille, qui en auroit fait des monſtres. Je frémis encore d'y penſer. Ce que Mahomet fit de Seïde n'eſt rien auprès de ce qu'on auroit fait d'eux à mon égard, & les piéges qu'on m'a tendus là-deſſus, dans la ſuite, me confirment aſſez que le projet en avoit été formé. A la vérité j'étois bien éloigné de prévoir alors ces trames atroces : mais je ſavois que l'éducation pour eux la moins périlleuſe étoit celle des enfans trouvés ; & je les y mis. Je le ferois encore, avec bien moins de doute aussi, si la chose étoit à faire, & je sais bien que nul pere n'est plus tendre que je l'aurois été pour eux, pour peu que l'habitude eût aidé la nature.

Si j'ai fait quelque progrès dans la connoissance du cœur humain, c'est le plaisir que j'avois à voir & observer les enfans qui m'a valu cette connoissance. Ce même plaisir dans ma jeunesse y a mis une espece d'obstacle, car je jouois avec les enfans si gaiement & de si bon cœur, que je ne songeois guères à les étudier. Mais quand en vieillissant j'ai vu que ma figure caduque les inquiétoit, je me suis abstenu de les importuner, j'ai mieux aimé me priver d'un plaisir, que de troubler leur joie; & content alors de me satisfaire en regardant leurs jeux, & tous leurs petits manéges, j'ai trouvé le dédommagement de mon sacrifice, dans les lumieres que ces observations m'ont fait acquérir sur les premiers & vrais mouvemens de la nature, auxquels tous nos Savans ne connoissent rien. J'ai consigné dans mes écrits la preuve que je m'étois occupé de cette recherche trop soigneusement, pour ne l'avoir pas faite avec plaisir, & ce seroit assurément la chose du monde la plus incroyable, que l'Héloïse & l'Emile fussent l'ouvrage d'un homme qui n'aimoit pas les enfans.

Je n'eus jamais ni présence d'esprit ni facilité de parler; mais depuis mes malheurs, ma langue & ma tête se sont de plus en plus embarrassées. L'idée & le mot propre m'échappent également, & rien n'exige un meilleur discernement & un choix d'expressions plus justes, que les propos qu'on tient aux enfans. Ce qui augmente encore en moi cet embarras, est l'attention des écoutans, les interprétations & le poids qu'ils donnent à tout ce qui part d'un homme qui, ayant écrit expressément pour les enfans, est supposé ne devoir leur parler que par oracles. Cette gêne extrême, & l'inaptitude que je me sens, me trouble, me déconcerte; & je serois bien plus à mon aise devant un Monarque d'Asie, que devant un bambin qu'il faut faire babiller.

Un autre inconvénient me tient maintenant plus éloigné d'eux, & depuis mes malheurs je les vois toujours avec le même plaisir, mais je n'ai plus avec eux la même familiarité. Les enfans n'aiment pas la vieillesse. L'aspect de la nature défaillante eſt hideux à leurs yeux. Leur répugnance que j'apperçois me navre, & j'aime mieux m'abſtenir de les careſſer que de leur donner de la géne & du dégoût. Ce motif qui n'agit que ſur les ames vraiment aimantes, eſt nul pour tous nos Docteurs & Doctoreſſes. Madame Geoffrin s'embarraſſoit fort peu que les enfans euſſent du plaiſir avec elle, pourvu qu'elle en eût avec eux. Mais pour moi ce plaiſir eſt pis que nul; il eſt négatif quand il n'eſt pas partagé, & je ne ſuis plus dans la ſituation ni dans l'âge où je voyois le petit cœur d'un enfant s'épanouir avec le mien. Si cela pouvoit m'arriver encore, ce plaiſir devenu plus rare n'en ſeroit pour moi que plus vif; je l'éprouvois bien l'autre matin, par celui que je prenois à careſſer les petits du Souſſoi, non-ſeulement parce que la Bonne qui les conduiſoit ne m'en impoſoit pas beaucoup, & que je ſentois moins le beſoin de m'écouter devant elle; mais encore parce que l'air jovial avec lequel ils m'aborderent ne les quitta point, & qu'ils ne parurent ni ſe déplaire, ni s'ennuyer avec moi.

Oh! ſi j'avois encore quelques momens de pures caresses qui vinssent du cœur, ne fût-ce que d'un enfant encore en jaquette, si je pouvois voir encore dans quelques yeux la joie & le contentement d'être avec moi, de combien de maux & de peines ne me dédommageroient pas ces courts, mais doux épanchemens de mon cœur ? Ah ! je ne serois pas obligé de chercher parmi les animaux le regard de la bienveillance qui m'est désormais refusé parmi les humains. J'en puis juger sur bien peu d'exemples, mais toujours chers à mon souvenir. En voici un qu'en tout autre état j'aurois oublié presque, & dont l'impression qu'il a fait sur moi, peint bien toute ma misere.

Il y a deux ans, que m'étant allé promener du côté de la Nouvelle France, je poussai plus loin ; puis tirant à gauche & voulant tourner autour de Montmartre, je traversai le village de Clignancourt. Je marchois distrait & rêvant sans regarder autour de moi, quand tout-à-coup je me sentis saisir les genoux. Je regarde, & je vois un petit enfant de cinq ou six ans qui serroit mes genoux de toute sa force, en me regardant d'un air si familier & si carefſant, que mes entrailles s'émurent. Je me diſois, c'eſt ainſi que j'aurois été traité des miens. Je pris l'enfant dans mes bras, je le baiſai pluſieurs fois dans une eſpece de tranſport, & puis je continuai mon chemin. Je ſentois en marchant qu'il me manquoit quelque choſe. Un beſoin naiſſant me ramenoit ſur mes pas. Je me reprochois d'avoir quitté ſi bruſquement cet enfant; je croyois voir dans ſon action, ſans cauſe apparente, une ſorte d'inſpiration qu'il ne falloit pas dédaigner. Enfin cédant à la tentation, je reviens ſur mes pas, je cours à l'enfant, je l'embraſſe de nouveau, & je lui donne de quoi acheter des petits pains de Nanterre, dont le Marchand paſſoit par-là par haſard, & je commençai à le faire jaſer; je lui demandai qui étoit ſon pere: il me le montra qui relioit des tonneaux. J'étois prêt à quitter l'enfant pour aller lui parler, quand je vis que j'avois été prévenu par un homme de mauvaiſe mine, qui me parut être de ces mouches qu'on tient ſans ceſſe à mes trouſſes. Tandis que cet homme lui parloit à l'oreille, je vis les regards du Tonnelier ſe fixer attentivement ſur moi d'un air qui n'avoit rien d'amical. Cet objet me resserra le cœur à l'instant, & je quittai le pere & l'enfant avec plus de promptitude encore que je n'en avois mis à revenir sur mes pas, mais dans un trouble moins agréable, qui changea toutes mes dispositions. Je les ai pourtant senti renaître souvent depuis lors; je suis repassé plusieurs fois par Clignancourt, dans l'espérance d'y revoir cet enfant; mais je n'ai plus revu ni lui ni le pere, & il ne m'est plus resté de cette rencontre qu'un souvenir assez vif, mêlé toujours de douceur & de tristesse, comme toutes les émotions qui pénétrent encore quelquefois jusques à mon cœur.

Il y a compensation à tout; si mes plaisirs sont rares & courts, je les goûte aussi plus vivement quand ils viennent, que s'ils m'étoient plus familiers; je les rumine, pour ainsi dire, par de fréquens souvenirs; & quelque rares qu'ils soient, s'ils étoient purs & sans mélange, je serois plus heureux, peut-être, que dans ma prospérité. Dans l'extrême misere, on se trouve riche de peu. Un gueux qui trouve un écu en est plus affecté que ne le seroit un riche en trouvant une bourse d'or. On riroit si l'on voyoit dans mon ame l'impreſſion qu'y font les moindres plaiſirs de cette eſpece, que je puis dérober à la vigilance de mes perſécuteurs. Un des plus doux s'offrit il y a quatre ou cinq ans, que je ne me rappelle jamais ſans me ſentir ravi d'aiſe, d'en avoir ſi bien profité.

Un Dimanche nous étions allés, ma femme & moi, dîner à la Porte Maillot. Après le dîné nous traverſâmes le bois de Boulogne juſqu'à la Muette. Là nous nous aſsîmes ſur l'herbe à l'ombre, en attendant que le ſoleil fût baiſſé, pour nous en retourner enſuite tout doucement par Paſſy. Une vingtaine de petites filles, conduites par une maniere de Religieuſe, vinrent les unes s'aſſeoir, les autres folâtrer aſſez près de nous. Durant leurs jeux vint à paſſer un Oublieur, avec ſon tambour & ſon tourniquet, qui cherchoit pratique. Je vis que les petites filles convoitoient fort les oublies, & deux ou trois d'entr'elles, qui apparemment poſſédoient quelques liards, demanderent la permiſſion de jouer. Tandis que la Gouvernante héſitoit & diſputoit, j'appellai l'Oublieur, & je lui dis: faites tirer toutes ces Demoiſelles chacune à ſon tour, & je vous paierai le tout. Ce mot répandit dans toute la troupe une joie qui ſeule eût plus que payé ma bourſe, quand je l'aurois toute employée à cela.

Comme je vis qu'elles s'empreſſoient avec un peu de confuſion, avec l'agrément de la Gouvernante, je les fis ranger toutes d'un côté, & puis paſſer de l'autre côté l'une après l'autre, à meſure qu'elles avoient tiré. Quoiqu'il n'y eût point de billet blanc, & qu'il revint au moins une oublie à chacune de celles qui n'auroient rien, qu'aucune d'elles ne pouvoit donc être abſolument mécontente; afin de rendre la fête encore plus gaie, je dis en ſecret à l'Oublieur d'uſer de ſon adreſſe ordinaire en ſens contraire, en faiſant tomber autant de bons lots qu'il pourroit, & que je lui en tiendrois compte. Au moyen de cette prévoyance, il y eut près d'une centaine d'oublies diſtribuées, quoique les jeunes filles ne tiraſſent chacune qu'une ſeule fois; car là-deſſus je fus inexorable, ne voulant ni favoriſer des abus, ni marquer des préférences qui produiroient des mécontentemens. Ma femme inſinua à celles qui avoient de bons lots d'en faire part à leurs camarades, au moyen de quoi le partage devint presque égal, & la joie plus générale.

Je priai la Religieuse de tirer à son tour, craignant fort qu'elle ne rejettât dédaigneusement mon offre; elle l'accepta de bonne grace, tira comme les Pensionnaires, & prit sans façon ce qui lui revint. Je lui en sus un gré infini, & je trouvai à cela une sorte de politesse qui me plut fort, & qui vaut bien, je crois, celle des simagrées. Pendant toute cette opération, il y eut des disputes qu'on porta devant mon tribunal; & ces petites filles venant plaider tour-à-tour leur cause, me donnerent occasion de remarquer, que, quoiqu'il n'y en eût aucune de jolie, la gentillesse de quelques-unes faisoient oublier leur laideur.

Nous nous quittâmes enfin très-contens les uns des autres, & cet après-midi fut un de ceux de ma vie dont je me rappelle le souvenir avec le plus de satisfaction. La fête au reste ne fut pas ruineuse. Pour trente sols qu'il m'en coûta tout au plus, il y eut pour plus de cent écus de contentement; tant il est vrai que le plaisir ne se mesure pas sur la dépense, & que la joie est plus amie des liards que des louis. Je suis revenu plusieurs autres fois à la même place, à la même heure, espérant d'y rencontrer encore la petite troupe; mais cela n'est plus arrivé.

Ceci me rappelle un autre amusement à-peu-près de même espece, dont le souvenir m'est resté de beaucoup plus loin. C'étoit dans le malheureux tems où, faufilé parmi les riches & les gens de lettres, j'étois quelquefois réduit à partager leurs tristes plaisirs. J'étois à la Chevrette, au tems de la fête du maître de la maison; toute sa famille s'étoit réunie pour la célébrer; & tout l'éclat des plaisirs bruyans fut mis en œuvre pour cet effet. Spectacles, festins, feux d'artifice, rien ne fut épargné. L'on n'avoit pas le tems de prendre haleine, & l'on s'étourdissoit au lieu de s'amuser. Après le dîner on alla prendre l'air dans l'avenue, où se tenoit une espece de foire. On dansoit; les Messieurs daignerent danser avec les Paysannes, mais les Dames garderent leur dignité. On vendoit-là des pains d'épice. Un jeune homme de la compagnie s'avisa d'en acheter pour les lancer l'un après l'autre au milieu de la foule, &

l'on prit tant de plaiſir à voir tous ces manans ſe précipiter, ſe battre, ſe renverſer pour en avoir, que tout le monde voulut ſe donner le même plaiſir. Et pains d'épice de voler à droite & à gauche, & filles & garçons de courir, d'entaſſer, & s'eſtropier; cela paroiſſoit charmant à tout le monde. Je fis comme les autres par mauvaiſe honte, quoiqu'en dedans je ne m'amuſaſſe pas autant qu'eux. Mais bientôt ennuyé de vider ma bourſe pour faire écraſer les gens, je laiſſai là la bonne compagnie, & je fus me promener ſeul dans la foire. La variété des objets m'amuſa longtems. J'apperçus entr'autres cinq ou ſix Savoyards autour d'une petite fille, qui avoit encore ſur ſon inventaire une douzaine de chétives pommes, dont elle auroit bien voulu ſe débarraſſer. Les Savoyards de leur côté auroient bien voulu l'en débarraſſer, mais ils n'avoient que deux ou trois liards à eux tous, & ce n'étoit pas de quoi faire une grande brêche aux pommes. Cet inventaire étoit pour eux le jardin des Heſpérides, & la petite fille étoit le dragon qui les gardoit. Cette comédie m'amuſa long-tems; j'en fis enfin le dénouement en payant les pommes à la petite fille, & les lui faisant distribuer aux petits garçons. J'eus alors un des plus doux spectacles qui puissent flatter un cœur d'homme, celui de voir la joie, unie avec l'innocence de l'âge, se répandre tout autour de moi. Car les spectateurs même en la voyant, la partagerent, & moi qui la partageois à si bon marché cette joie, j'avois de plus celle de sentir qu'elle étoit mon ouvrage.

En comparant cet amusement avec ceux que je venois de quitter, je sentois avec satisfaction la différence qu'il y a des goûts sains & des plaisirs naturels, à ceux que fait naître l'opulence, & qui ne sont gueres que des plaisirs de moquerie, & des goûts exclusifs engendrés par le mépris. Car quelle sorte de plaisir pouvoit-on prendre à voir des troupeaux d'hommes, avilis par la misere, s'entasser, s'étouffer, s'estropier brutalement pour s'arracher avidement quelques morceaux de pains d'épice, foulés aux pieds & couverts de boue?

De mon côté quand j'ai bien réfléchi sur l'espece de volupté que je goûtois dans ces sortes d'occasions, j'ai trouvé qu'elle consistoit moins dans un sentiment de bienfaiſance, que dans le plaiſir de voir des viſages contens. Cet aſpect a pour moi un charme qui, bien qu'il pénetre juſqu'à mon cœur, ſemble être uniquement de ſenſation. Si je ne vois la ſatisfaction que je cauſe, quand même j'en ſerois ſûr, je n'en jouirois qu'à demi. C'eſt même pour moi un plaiſir déſintéreſſé qui ne dépend pas de la part que j'y puis avoir. Car dans les fêtes du peuple, celui de voir des viſages gais m'a toujours vivement attiré. Cette attente a pourtant été ſouvent fruſtrée en France, où cette nation, qui ſe prétend ſi gaie, montre peu cette gaieté dans ſes jeux. Souvent j'allois jadis aux guinguettes pour y voir danſer le menu peuple : mais ſes danſes étoient ſi mauſſades, ſon maintien ſi dolent, ſi gauche, que j'en ſortois plutôt contriſté que réjoui. Mais à Geneve & en Suiſſe, où le rire ne s'évapore pas ſans ceſſe en folles malignités, tout reſpire le contentement & la gaieté dans les fêtes. La miſere n'y porte point ſon hideux aſpect. Le faſte n'y montre pas non plus ſon inſolence. Le bien être, la fraternité, la concorde y diſpoſent les cœurs à s'épanouir, & ſouvent dans les transſports d'une innocente joie, les inconnus s'acoſtent, s'embraſſent & s'invitent à jouir de concert des plaiſirs du jour. Pour jouir moi-même de ces aimables fêtes, je n'ai pas beſoin d'en être. Il me ſuffit de les voir; en les voyant je les partage: & parmi tant de viſages gais, je ſuis bien ſûr qu'il n'y a pas un cœur plus gai que le mien.

Quoique ce ne ſoit-là qu'un plaiſir de ſenſation, il a certainement une cauſe morale, & la preuve en eſt, que ce même aſpect, au lieu de me flatter, de me plaire, peut me déchirer de douleur & d'indignation, quand je ſais que ces ſignes de plaiſir & de joie ſur les viſages des méchans, ne ſont que des marques que leur malignité eſt ſatisfaite. La joie innocente eſt la ſeule dont les ſignes flattent mon cœur. Ceux de la cruelle & moqueuſe joie le navrent & l'affligent, quoiqu'elle n'ait nul rapport à moi. Ces ſignes, ſans doute, ne ſauroient être exactement les mêmes, partans de principes ſi différens: mais enfin ce ſont également des ſignes de joie, & leurs différences ſenſibles ne ſont aſſurément pas proportionnelles à celles des mouvemens qu'ils excitent en moi.

Ceux de douleur & de peine me ſont encore plus ſenſibles, au point qu'il m'eſt impoſſible de les ſoutenir ſans être agité moi-même d'émotions peut-être encore plus vives que celles qu'ils repréſentent. L'imagination renforçant, la ſenſation m'identifie avec l'être ſouffrant, & me donne ſouvent plus d'angoiſſe qu'il n'en ſent lui-même. Un viſage mécontent eſt encore un ſpectacle qu'il m'eſt impoſſible de ſoutenir, ſur-tout ſi j'ai lieu de penſer que ce mécontement me regarde. Je ne ſaurois dire combien l'air grognard & mauſſade des Valets qui ſervent en rechignant, m'a arraché d'écus dans les maiſons où j'avois autrefois la ſotiſe de me laiſſer entraîner, & où les domeſtiques m'ont toujours fait payer bien cherement l'hoſpitalité des maîtres. Toujours trop affecté des objets ſenſibles, & ſur-tout de ceux qui portent ſigne de plaiſir ou de peine, de bienveillance ou d'averſion, je me laiſſe entraîner par ces impreſſions extérieures, ſans pouvoir jamais m'y dérober autrement que par la fuite. Un ſigne, un geſte, un coup-d'œil d'un inconnu ſuffit pour troubler mes plaiſirs, ou calmer mes peines. Je ne ſuis à moi que quand je ſuis ſeul; hors de-là je ſuis le jouet de tous ceux qui m'entourent.

Je vivois jadis avec plaiſir dans le monde, quand je ne voyois dans tous les yeux que bienveillance, ou tout au pis indifférence dans ceux à qui j'étois inconnu; mais aujourd'hui qu'on ne prend pas moins de peine à montrer mon viſage au peuple, qu'à lui maſquer mon naturel, je ne puis mettre le pied dans la rue ſans m'y voir entouré d'objets déchirans. Je me hâte de gagner à grands pas la campagne; ſitôt que je vois la verdure, je commence à reſpirer. Faut-il s'étonner ſi j'aime la ſolitude, je ne vois qu'animoſité ſur les viſages des hommes, & la nature me rit toujours.

Je ſens pourtant encore, il faut l'avouer, du plaiſir à vivre au milieu des hommes tant que mon viſage leur eſt inconnu. Mais c'eſt un plaiſir qu'on ne me laiſſe guères. J'aimois encore, il y a quelques années, à traverſer les villages, & à voir au matin les Laboureurs raccommoder leurs fléaux, ou les femmes ſur leur porte avec leurs enfans. Cette vue avoit je ne ſais quoi qui touchoit

touchoit mon cœur. Je m'arrêtois quelquefois, sans y prendre garde, à regarder les petits manéges de ces bonnes gens, & je me sentois soupirer sans savoir pourquoi. J'ignore si l'on m'a vu sensible à ce petit plaisir, & si l'on a voulu me l'ôter encore; mais au changement que j'apperçois sur les physionomies à mon passage, & à l'air dont je suis regardé, je suis bien forcé de comprendre qu'on a pris grand soin de m'ôter cet incognito. La même chose m'est arrivée d'une façon plus marquée encore aux Invalides. Ce bel établissement m'a toujours intéressé. Je ne vois jamais sans attendrissement & vénération ces groupes de bons vieillards, qui peuvent dire comme ceux de Lacédémone :

Nous avons été jadis
Jeunes, vaillans, & hardis.

Une de mes promenades favorites, étoit autour de l'Ecole Militaire, & je rencontrois avec plaisir çà & là quelques Invalides qui, ayant conservé l'ancienne honnêteté militaire, me saluoient en passant. Ce salut, que mon cœur leur rendoit au centuple, me flattoit & augmentoit le plaisir que j'avois à les voir.

Comme je ne sais rien cacher de ce qui me touche, je parlois souvent des Invalides & de la façon dont leur aspect m'affectoit. Il n'en fallut pas davantage. Au bout de quelque tems je m'apperçus que je n'étois plus un inconnu pour eux, ou plutôt que je le leur étois bien davantage, puisqu'ils me voyoient du même œil que fait le public. Plus d'honnêteté, plus de salutation. Un air repoussant, un regard farouche avoit succédé à leur premiere urbanité. L'ancienne franchise de leur métier ne leur laissant pas comme aux autres, couvrir leur animosité d'un masque ricaneur & traître, ils me montrerent tout ouvertement la plus violente haine; & tel est l'excès de ma misere, que je suis forcé de distinguer dans mon estime ceux qui me déguisent le moins leur fureur.

Depuis lors je me promene avec moins de plaisir du côté des Invalides; cependant comme mes sentimens pour eux ne dépendent pas des leurs pour moi, je ne vois jamais sans respect & sans intérêt, ces anciens défenseurs de leur patrie : mais il m'est bien dur de me voir si mal payé de leur part, de la justice que je leur rends. Quand par hasard j'en rencontre quelqu'un qui a échappé aux instructions communes, ou qui, ne connoissant pas ma figure, ne me montre aucune aversion, l'honnête salutation de ce seul là me dédommage du maintien rébarbatif des autres. Je les oublie pour ne m'occuper que de lui, & je m'imagine qu'il a une de ces ames comme la mienne, où la haine ne sauroit pénétrer. J'eus encore ce plaisir l'année derniere en passant l'eau pour m'aller promener à l'isle aux Cygnes. Un pauvre vieux Invalide dans un bateau attendoit compagnie pour traverser. Je me présentai, je dis au Batelier de partir. L'eau étoit forte, & la traversée fut longue. Je n'osois presque pas adresser la parole à l'Invalide, de peur d'être rudoyé & rebuté comme à l'ordinaire; mais son air honnête me rassura. Nous causâmes. Il me parut homme de sens & de mœurs. Je fus surpris & charmé de son ton ouvert & affable. Je n'étois pas accoutumé à tant de faveur. Ma surprise cessa quand j'appris qu'il arrivoit tout nouvellement de province. Je compris qu'on ne lui avoit pas encore montré ma figure & donné ses instructions. Je profitai de cet incognito pour converſer quelque moment avec un homme, & je ſentis, à la douceur que j'y trouvois, combien la rareté des plaiſirs les plus communs eſt capable d'en augmenter le prix. En ſortant du bateau il préparoit ſes deux pauvres liards. Je payai le paſſage & le priai de les reſſerrer, en tremblant de le cabrer. Cela n'arriva point, au contraire il parut ſenſible à mon attention, & ſur-tout à celle que j'eus encore, comme il étoit plus vieux que moi, de lui aider à ſortir du bateau. Qui croiroit que je fus aſſez enfant pour en pleurer d'aiſe ? Je mourois d'envie de lui mettre une piece de vingt-quatre ſols dans la main pour avoir du tabac; je n'oſai jamais. La même honte qui me retint, m'a ſouvent empêché de faire de bonnes actions qui m'auroient comblé de joie, & dont je ne me ſuis abſtenu qu'en déplorant mon imbécillité. Cette fois après avoir quitté mon vieux Invalide, je me conſolai bientôt en penſant que j'aurois, pour ainſi dire, agi contre mes propres principes, en mêlant aux choſes honnêtes un prix d'argent qui dégrade leur nobleſſe & ſouille leur déſintéreſſement. Il faut s'empresser de secourir ceux qui en ont besoin; mais dans le commerce ordinaire de la vie, laissons la bienveillance naturelle & l'urbanité faire chacune leur œuvre, sans que jamais rien de vénal & de mercantille ose approcher d'une si pure source pour la corrompre ou pour l'altérer. On dit qu'en Hollande le peuple se fait payer pour vous dire l'heure & pour vous montrer le chemin. Ce doit être un bien méprisable peuple que celui qui trafique ainsi des plus simples devoirs de l'humanité.

J'ai remarqué qu'il n'y a que l'Europe seule où l'on vende l'hospitalité. Dans toute l'Asie on vous loge gratuitement. Je comprends qu'on n'y trouve pas si bien toutes ses aises. Mais n'est-ce rien que de se dire, je suis homme & reçu chez des humains? C'est l'humanité pure qui me donne le couvert. Les petites privations s'endureut sans peine, quand le cœur est mieux traité que le corps.

DIXIEME PROMENADE.

AUJOURD'HUI jour de Pâques fleuries, il y a précisement cinquante ans de ma premiere connoissance avec Madame de *Warens*. Elle avoit vingt-huit ans alors, étant née avec le siecle. Je n'en avois pas encore dix-sept, & mon tempéramment naissant, mais que j'ignorois encore, donnoit une nouvelle chaleur à un cœur naturellement plein de vie. S'il n'étoit pas étonnant qu'elle conçut de la bienveillance pour un jeune homme vif, mais doux & modeste, d'une figure assez agréable, il l'étoit encore moins qu'une femme charmante, pleine d'esprit & de graces, m'inspirât avec la reconnoissance, des sentimens plus tendres que je n'en distinguois pas. Mais ce qui est moins ordinaire, est que ce premier moment décida de moi pour toute ma vie, & produisit par un enchaînement inévitable le destin du reste de mes jours. Mon ame dont mes organes n'avoient point développé les plus précieuses facultés, n'avoit encore aucune forme déterminée. Elle attendoit dans une sorte d'impatience le moment qui devoit la lui donner, & ce moment accéléré par cette rencontre ne vint pourtant pas si-tôt; & dans la simplicité de mœurs que l'éducation m'avoit donnée, je vis long-tems prolonger pour moi cet état délicieux mais rapide, où l'amour & l'innocence habitent le même cœur. Elle m'avoit éloigné. Tout me rappelloit à elle. Il y fallut revenir. Ce retour fixa ma destinée, & long-tems encore avant de la posséder, je ne vivois plus qu'en elle & pour elle. Ah! si j'avois suffi à son cœur, comme elle suffisoit au mien! Quels paisibles & délicieux jours nous eussions coulés ensemble! Nous en avons passés de tels, mais qu'ils ont été courts & rapides, & quel destin les a suivis! Il n'y a pas de jours où je ne me rappelle avec joie & attendrissement cet unique & court tems de ma vie où je fus moi pleinement, sans mélange, & sans obstacle, & où je puis véritablement dire avoir vécu. Je puis dire, à-peu-près comme ce Préfet du Prétoire qui, disgracié sous Vespasien, s'en alla finir paisiblement ses jours à la campagne; *j'ai passé soixante & dix ans sur la terre & j'en ai vécu sept.* Sans ce court mais précieux espace, je serois resté peut-être incertain sur moi; car tout le reste de ma vie, facile & sans résistance, j'ai été tellement agité, ballotté, tiraillé par les passions d'autrui que, presque passif dans une vie aussi orageuse, j'aurois peine à démêler ce qu'il y a du mien dans ma propre conduite, tant la dure nécessité n'a cessé de s'appesantir sur moi. Mais durant ce petit nombre d'années, aimé d'une femme pleine de complaisance & de douceur, je fis ce que je voulois faire, je fus ce que je voulois être; & par l'emploi que je fis de mes loisirs, aidé de ses leçons & de son exemple, je sus donner à mon ame, encore simple & neuve, la forme qui lui convenoit davantage, & qu'elle a gardée toujours. Le goût de la solitude & de la contemplation naquit dans mon cœur avec les sentimens expansifs & tendres faits pour être son aliment. Le tumulte & le bruit les resserrent & les étouffent, le calme & la paix les raniment

& les exaltent. J'ai besoin de me recueillir pour aimer. J'engageai Maman à vivre à la campagne. Une maison isolée au penchant d'un vallon fut notre asyle, & c'est-là que dans l'espace de quatre ou cinq ans j'ai joui d'un siecle de vie, & d'un bonheur pur & plein qui couvre de son charme tout ce que mon sort présent a d'affreux. J'avois besoin d'une amie selon mon cœur, je la possédois. J'avois desiré la campagne, je l'avois obtenu. Je ne pouvois souffrir l'assujettissement, j'étois parfaitement libre & mieux que libre; car assujetti par mes seuls attachemens, je ne faisois que ce que je voulois faire. Tout mon tems étoit rempli par des soins affectueux ou par des occupations champêtres. Je ne desirois rien que la continuation d'un état si doux; ma seule peine étoit la crainte qu'il ne durât pas long-tems, & cette crainte née de la gêne de notre situation n'étoit pas sans fondement. Dès-lors je songeai à me donner en même tems des diversions sur cette inquiétude, & des ressources pour en prévenir l'effet. Je pensai qu'une provision de talens étoit la plus sure resſource contre la miſere, & je réſolus d'employer mes loiſirs à me mettre en état, s'il étoit poſſible, de rendre un jour à la meilleure des femmes, l'aſſiſtance que j'en avois reçue. . . . . .

. . . .

. . . .

FIN.

www.ingramcontent.com/pod-product-compliance
Lightning Source LLC
LaVergne TN
LVHW020601230826
846091LV00002B/555